KB269656

# 과학의 전도사
# 리처드 파인만

# 리처드 파인만

자음과모음

차례

# 1장

# 발견하는 즐거움

# 차라리 노벨상을 받지 않았더라면

안온한 기운에 잠겨 있는 새벽녘이다. 난데없이 울리는 전화벨 소리. 아내와 함께 잠들어 있던 리처드 파인만이 투덜거리며 일어난다. 수화기를 귀에 대자, 방송국 기자라고 신분을 밝힌 상대방이 대뜸 묻는다.

"파인만 교수님이시죠?"

파인만은 슬슬 화가 치밀어 오른다. 빌어먹을! 이제 막 세 시 반을 넘긴 시각이 아닌가.

"그렇소. 한데 대체 무슨 일로 이 새벽에 전화를 하는 거요?"

기자는 약간 의아해하는 눈치다. 그가 더듬거리며 말한다.

"저, 실례라는 건 알지만요, 교수님께서 노벨상을 수상하게 되었다는 소식을 전해드리려고 전화했습니다.”

“뭐요? 겨우 그것 때문이란 말이오? 그런 거라면 아침에 전화해도 되잖소?”

“하지만, 이 소식을 전해드리면 좋아하실 줄 알았습니다.”

“이봐요. 나는 자고 있었단 말이오. 아침에 다시 전화하시오.”

파인만은 신경질적으로 전화를 끊고 다시 침대에 누웠다. 그의 아내 기네스가 졸린 목소리로 물었다.

“무슨 일이에요?”

“글쎄, 내가 노벨상 수상자로 결정되었다는군.”

“오, 리처드! 당신 또 나를 놀리는 거죠?”

기네스는 남편의 말을 믿으려 하지 않았다. 평소에 농담과 장난을 즐기는 파인만의 성격을 잘 알고 있기 때문이었다. 그런데 10여 분 뒤에 다시 전화가 걸려 왔다.

“파인만 교수님, 소식 들으셨나요?”

“당신도 그것 때문에 전화한 거요?”

“예, 교수님! 축하드립니다.”

파인만은 우선 전화를 끊고, 수화기를 바닥에 내려놓았다. 전화가 계속 걸려 올 것 같아서였다. 그리고 다시 잠을 청해 보았다. 하지만 잠이 올 리 없었다.

‘이제 어떻게 할까? 노벨상 수상을 거부해 버릴까? 아, 노벨상을

받는다는 건 정말 귀찮은 일이로군.'

다시 수화기를 제자리에 놓자, 금방 벨이 울렸다. 이번에는 『뉴욕타임스』 기자였다. 파인만은 기자에게 대체 뭘 어떻게 해야 할지 물어보기로 했다.

"부탁이 있는데, 지금부터 하는 말은 보도하지 말아 주시오."

"예, 교수님. 그렇게 하겠습니다."

"솔직히 말하자면, 나는 이제부터 어떻게 해야 할지 모르겠소. 노벨상을 받고 싶지 않습니다. 그러려면 어떻게 하면 됩니까?"

파인만의 물음에 기자는 놀란 목소리로 황급히 말했다.

"교수님, 그러시면 안 됩니다. 그렇게 하시면 아마 더 큰 소동이 벌어질 겁니다."

듣고 보니 맞는 말이었다. 파인만은 결국 노벨상 수상을 받아들일 수밖에 없겠다고 생각하며 전화를 끊었다. 전화는 금방 또 걸려 왔다. 파인만은 가벼운 한숨을 내쉬며 수화기를 들었다. 이번에도 신문사 기자였다. 기자는 인터뷰를 위해 집을 방문해도 좋겠느냐고 물어 왔다. 파인만은 순순히 취재에 응하기로 했다.

"아 예, 오셔도 좋습니다. 예 예, 그러시죠."


노벨상을 받지 않으려 했던 이 이야기는 리처드 파인만이 지닌 삶의 태도나 가치관을 잘 드러내 준다. 노벨상을 받게 되면 큰 영예와 명성이 뒤따르게 된다. 그런데도 파인만은 그걸 바라지 않았다. 왜 그랬을까? 1981년 파인만의 나이 61세 때 영국의 BBC 방송국에서 방영된 인터뷰에서 그는 이렇게 말했다.

먼저 기자가 질문을 던진다.

"노벨상이 당신에게 어떤 가치가 있었나요?"

"노벨상에 대해서 저는 아는 게 없습니다. 대체 뭘 보고 주는 상인지, 또 그게 무슨 가치가 있는 건지 잘 모르겠어요. 스웨덴 과학 아카데미 회원들이 누군가에게 상을 주겠다고 결정하면, 그렇게 되는 줄로만 알고 있지요. 하지만 저는 차라리 노벨상과 아무런 관련이 없었으면 좋겠다고 생각했습니다. 그건 목에 걸린 가시 같은 거랍니다. 저는 명예를 싫어합니다. 물론 제가 한 일이 가치가 있다고 인정합니다. 그 가치를 인정해 주는 사람들이 있고, 전 세계의 물리학자들이 제 연구 결과를 이용하고 있으니까요. 저는 그걸로 만족합니다. 더 이상 바랄 게 없지요. ……저는 이미 노벨상보다 더 큰 상을 받은 거나 마찬가지죠. 무언가를 발견하는 즐거움보다 더 큰 상은 없으니까요. 오랜 연구 끝에 사물의 이치를 발견했을 때의 짜릿함, 남들이 제 연구 결과를 활용하는 모습을 보는 것…… 그런 것이 진짜 상이 아닐까요? 제게 있어 명예는 비현실적인 것에 불과하지요. 저는 명예 따위를 그다지 가치 있는 것으로 생각하지 않습니다. 그건 나를 괴롭히기만 하니까요. 정말이지 명예는 아주 귀찮은 겁니다. 그건 견장이나 제복 같은 것이죠. 아버지는 저를 그렇게 길렀습니다. 저는 명예라는 게 못마땅합니다. 그건 제 기분만 망치니까요.”

리처드 파인만은 세상의 모든 권위나 명예를 경멸하고 부정하는 사람이었다. 아버지 멜 파인만의 가르침에 영향을 받은 때문이었다. 리처드는 아버지에게서 많은 걸 배웠다고 한다. 그중 한 가지는 바로 권위를 부정하라는 것이었다. 리처드가 아주 어렸을 때의 일이다.

멜은 아들을 무릎에 앉히고 교황의 사진이 실린 신문을 보여 주며 말했다. 수많은 사람들이 교황에게 절을 하고 있는 장면을 찍은 사진이었다.

“여기 이 사진을 봐라. 여기 교황이 서 있고, 다른 사람들은 모두 절을 하고 있지? 자, 하지만 과연 교황과 다른 사람들이 뭐가 다를까?”

리처드는 바로 대답을 못 하고 아버지의 얼굴을 물끄러미 바라보았다.

“그건 바로 견장이란다.”

“하지만 교황은 견장을 달고 있지 않잖아요?”

“물론 그렇지. 교황을 아주 계급이 높은 군인으로 치면 그렇다는 말이란다. 교황은 그러니까 '권위'라는 견장을 차고 있는 셈이야. 하지만 교황도 다른 사람들과 다를 바 없단다. 그도 인간이니까 다른 평범한 사람들과 똑같은 문제들을 안고 있지. 그런데 왜 다들 교황에게 절을 하는 걸까? 그건 교황의 신분과 지위, 그리고 제복 때문이란다. 그가 특별히 무슨 영예로운 일을 해서 그런 게 아냐."

멜 파인만은 제복 회사의 판매관리인으로 일했다. 그는 자신의 직업 때문에 제복을 입은 사람들과 자주 마주쳐야 했다. 그러면서 제복을 입은 사람들에 대한 편견이나 선입견을 갖게 되었던 것 같다. 그러한 편견이 권위에 대한 부정으로 이어졌을지도 모른다. 그는 아들에게도 자신의 그런 생각을 심어 주고 싶었을 것이다.

그러한 아버지의 영향으로 파인만은 권위를 행사하거나 명예를 얻는 일들을 꺼리게 되었다. 그래서 노벨상 수상이라는 영예도 아주 귀찮고 짜증스러운 일로 여겼던 것이다. 파인만은 차라리 노벨상을 받지 않았으면 하고 생각한 적이 많았다고 한다. 그는 노벨상을 수상하여 유명 인사가 되는 걸 바라지 않았다. 그저 과학자이고 싶었을 뿐이었다. 과학자로서 새로운 것을 발견해 냈을 때 느끼는 기쁨이야말로 최고의 상이자 명예라고 생각했다. 죽음에 이를 때까지 그러한 학자로서의 순수성을 잃지 않았기에, 위대한 업적을 남긴 물리학자로 기록될 수 있었을 것이다.

1965년 리처드 파인만은 노벨물리학상을 수상하게 된다. 인간이 만든 이론 가운데 가장 정확하다는 양자전기역학 이론(전자, 원자핵 등의 미시세계의 물리적 현상을 설명하는 이론)을 정립한 공로를 인정받은 것이다. 파인만은 양자전기역학 이론을 세우는 데 자기만의 독창적인 다이어그램(상호 작용하는 입자계의 형태를 기술하는 데 필요한 복잡한 수학적 표현을 도식적으로 쉽게 알아볼 수 있도록 고안한 도형)을 적용했다. 그가 창안한 이 도식은 '파인만 다이어그램'으로 불리며, 근대 과학 역사상 가장 훌륭한 아이디어로 손꼽힌다.

노벨상을 수상함으로써, 파인만은 물리학자로서 명성을 얻게 되었다. 그러나 사실 파인만은 노벨상을 받기 전부터 뛰어난 강의로 그 명성이 자자했다. 그는 어렵고 복잡한 물리학 이론을 아주 쉽게 설명해 내는 비상한 재주가 있었다. 강의실이나 강연장에 서 있는 파인만은 한 사람의 광대이자 배우였다. 그는 완벽하게 청중을 사로잡으면서 감동적인 강의를 이끌어 갔다.

파인만은 또 사람들의 관심을 끌 만한 재치와 유머를 지니고 있었다. 그는 타고난 익살로 주변 사람들을 유쾌하게 만들었다. 그럴 때의 파인만은 천재 물리학자가 아닌, 마술사이자 광대였다. 그는 연구 중이거나 글을 쓸 때에는 놀라운 집중력을 보였다. 그러나 일단 하던 일을 마치면 사람들과 어울려 장난을 치고, 봉고를 연주하고, 춤을 추고, 그림을 그리며 시간을 보냈다. 파인만의 재치 있는 익살과 모험담은 책으로 출판되었고, 많은 사람들에게 읽히며 그를 대중의 친근한 우상으로 만들어 주었다.

　지금까지도 파인만은 학생들로부터 존경받던 뛰어난 교수이자 천재 물리학자로 기억되고 있다.

# 우리 아이는 과학자가 될 거요

리처드 파인만은 1918년, 뉴욕의 변두리 해변에 위치한 파라커웨이라는 작은 마을에서 태어났다. 리처드는 누구보다도 아버지 멜로부터 가장 많은 영향을 받았다. 리처드에게 과학적인 호기심을 키워 주고, 세상의 모든 원리에 대해 질문을 던지게 하고, 그 비밀을 발견하는 즐거움을 알게 해 준 사람은 바로 멜이었다.

1966년 4월에 전국 과학교사협회 초청으로 이루어진 강연에서 리처드 파인만은 이렇게 말했다.

"저는 아주 어렸을 때부터 과학을 배웠습니다. 저는 과학을 배우기 전에 이미 핏속에 과학을 지니고 있었습니다. 어떻게 그럴 수 있냐고요? 그것은 아버지 덕분이었습니다. 어머니께서 저를 임신하셨을 때, 아버지께서 이렇게 말씀하셨답니다. '만약 이 아이가 아들이라면, 과학자가 될 거요.' 아버지는 어떻게 제가 태어나기도 전에 그런 생각을 하신 걸까요? 하지만 아버지는 저더러 과학자가 되라는 말을 한 번도 하신 적이 없습니다. 아버지는 과학자가 아니었어요. 사업가이자, 제복 회사의 판매관리인이셨습니다. 하지만 과학 책을 즐겨 읽으셨고, 과학을 좋아하셨죠."

멜 파인만은 과학의 중요성과 가치를 잘 이해하고 있었다. 그는 아들을 과학자로 만들기 위해 세심한 주의를 기울였다.

리처드 파인만이 어린이용 식탁 의자에 앉아 음식을 먹을 수 있을 만큼 자랐을 때였다. 멜은 어느 날 여러 가지 색깔의 타일을 구해 왔다. 그는 우선 타일을 식탁에 도미노처럼 수직으로 세워 놓았다. 그런 다음 리처드에게 넘어뜨려 보라고 말했다. 얼마 후에 리처드도 아버지를 도와 타일을 함께 세우게 되었다. 두 사람은 흰색 타일 두 장에 파란색 타일 한 장, 다시 흰색 타일 두 장에 파란색 타일 한 장을 세우는 식으로 타일을 세웠다. 그걸 지켜보던 멜의 아내가 나무라듯 말했다.

"제발 그 아이를 가만 놔두세요. 그 애가 파란색을 놓고 싶어 하면, 그렇게 하도록 놔두라고요."

그러자 멜이 말했다.

"아니오. 나는 이 아이에게 패턴이라는 게 뭔지, 그리고 그게 얼마나 재미있는 건지 알려 주려는 거요. 이건 초등학교에서 배우는 산수하고도 비슷한 것이오.”

리처드가 유치원에 들어갔을 때에서야 아버지와 함께 했던 타일 놀이가 어떤 영향을 미쳤는지 알게 되었다.

유치원에서는 색종이를 짜 맞추는 시험을 치렀다. 유치원에서 하는 것치고는 제법 어려운 시험이었다. 리처드는 색깔이 다른 두 장의 색종이를 수직으로 교차해 짜 나가며 패턴을 만들었다. 이를 지켜보던 유치원 교사는 깜짝 놀랐다. 교사는 리처드의 부모에게 편지를 보냈다. 편지에는 리처드가 아주 특별한 아이라는 말이 적혀 있었다. 다른 아이와 달리 먼저 자기가 무엇을 만들려는지 생각한 다음, 아주 복잡한 패턴을 만들어 내더라는 것이다.

멜은 리처드를 무릎에 앉히고 『브리태니커 백과사전』을 읽어 주곤 했다.

멜 파인만이 2층에서 아들 리처드와 함께 공룡 티라노사우루스 렉스에 대한 내용이 실려 있는 사전을 펼쳐 보고 있다. 멜은 먼저 공룡에 대한 설명을 읽어 나간다.

“이 공룡은 키가 약 7, 8미터에 이르며, 머리의 직경은 약 2미터 정도이다…….”

멜은 그 부분에서 읽기를 멈춘다. 그러고는 고개를 들어 리처드를 바라보며 다시 말을 잇는다.

"공룡이 정말 크구나. 한번 상상해 봐. 이 공룡이 우리 집 앞뜰에서 있다고 말이야. 머리는 아마 여기 2층 창문에 닿을 테지. 하지만 머리가 2미터나 되니, 창문으로 머리를 들이밀 수는 없겠구나."

멜은 사전의 내용들을 실제 상황으로 바꾸어 설명하여 리처드의 이해를 도왔다. 또 그런 거대한 공룡이 멸종한 원인에 대해서도 덧붙여 설명했다. 어린 리처드는 그처럼 큰 동물들이 모두 멸종해 버렸다는 사실에 신기해했다. 게다가 그 원인이 아직 밝혀지지 않고 있다는 사실은 그의 흥미를 불러일으켰다.

멜과 리처드는 캐츠킬이라는 산에 자주 올랐다. 뉴욕 시에 거주하는 사람들이 여름이면 흔히 오르는 산이었다. 사람들은 평일에는 뉴욕에서 일을 하고, 주말이 되면 이 산에 오르곤 했다. 멜 파인만도 마찬가지였다.

멜은 주말마다 리처드를 데리고 숲을 거닐며 거기서 일어나는 일들에 대해 들려주곤 했다. 리처드와 같은 또래의 아이를 둔 다른 집의 어머니들은 이것을 무척 부러워했다. 자기 남편도 아이를 데리고 숲을 거닐며 자연에 대해 가르쳐 주기를 바랐다. 하지만 남편들은 여러 가지 핑계를 대며 아내의 청을 들어주지 않았다. 아내에게 들볶이던 사람들 몇 명이 견디다 못해 멜 파인만을 찾아왔다. 그들은 제발 자기네들 아이도 함께 데리고 산책을 해 달라고 부탁했다. 그러나 아들과 함께 보내는 시간을 무척 중요시했던 멜은 그들

의 청을 들어줄 수 없었다.

"내가 아들과 함께 보내는 시간은 아주 특별하답니다. 이 시간을 다른 아이들로 인해 방해받을 수는 없습니다. 부탁을 들어주지 못해 정말 죄송합니다."

결국 다른 집의 아버지들도 주말이면 아이들을 데리고 산책을 다녀야 했다.

어느 월요일 아침, 리처드와 같이 놀고 있던 한 아이가 나뭇가지에 앉아 있는 새 한 마리를 가리키며 물었다.

"저 새 좀 봐. 너 저게 무슨 샌지 알아?"

리처드는 새를 힐끗 쳐다보며 말했다.

"아니. 모르겠는데."

"그것도 몰라? 너희 아빤 아무것도 가르쳐 주시지 않는구나. 저건 갈색목딜비개똥지빠귀라는 새야."

그러나 사실 멜 파인만은 이미 그 개똥지빠귀에 대해서도 가르쳐 주었다. 하지만 그 새의 진짜 이름을 몰랐기 때문에 스펜서 휘파람새라고 했던 것이다. 하지만 멜은 새의 이름보다 중요한 것을 알려 주고 싶어 했다. 새의 이름을 안다고 해서 그 새에 대해 안다고 말할 수 없다고 생각한 때문이었다.

"저 새는 스펜서 휘파람새라고 부른단다. 하지만 그걸 안다고 해서 저 새가 어떤 새인지 안다고 말할 수는 없단다. 단지 사람들이 저 새를 어떻게 부르는지에 대해서만 알게 된 거지.”

그러면서 멜은 자연스레 새에 대한 리처드의 호기심을 유발했다. 그리고 어떻게 하면 궁금한 걸 알아낼 수 있는지에 대해서도 몸소 체험하도록 이끌었다.

“우리 저 새를 관찰하면서 무엇을 하는지 알아보도록 하자. 그것이 정말 중요한 거란다. 저것 봐라. 새가 계속 부리로 자기 깃털을 쪼아 대고 있지? 돌아다니면서도 계속 저러는구나. 왜 저럴까?”

“음, 새가 날아다니면서 깃털이 흐트러져서 그런 건지도 몰라요. 깃털을 가지런하게 하려고요.”

“그래. 그렇다면 새가 공중에서 땅에 내려오면 깃털을 더 많이 쪼겠지?”

“네.”

“그럼, 새가 땅에 내려온 뒤에 네 말이 맞는지 지켜보자꾸나.”

두 사람은 계속 지켜보았다. 그러나 새는 공중에서 날아내려 왔을 때나 땅에서 돌아다닐 때나 거의 똑같은 횟수로 깃털을 쪼았다. 그래서 리처드는 다시 아버지에게 물었다.

“모르겠어요, 아빠. 대체 새가 왜 깃털을 쪼는 거죠?”

“그건 말이다. 새의 깃털 속에 이가 있기 때문이란다. 가려워서 그러는 거지. 이는 새의 깃털에서 떨어지는 단백질 부스러기를 먹고 살거든.”

리처드는 호기심 어린 표정으로 아버지의 말에 귀를 기울였다.

"또 이의 다리에서는 아주 부드럽고 연한 물질이 나온단다. 그걸 작은 진드기들이 먹고 살지. 한데 진드기들은 그 물질을 소화하지 못해 설탕 같은 물질을 꽁무니로 배설한단다. 그러면 그 물질 속에서 박테리아가 자라게 되지. 이처럼 영양소가 있는 곳에서는 그걸 먹고사는 생명체가 생기게 된다는 걸 알 수 있지."

그 밖에도 리처드는 아버지와 함께 숲을 산책하며 많은 걸 배웠다. 식물이 자라는 것에 대해, 빛을 찾기 위해 벌이는 나무들의 싸움에 대해, 나무가 어떻게 그렇게 높이 뻗어 오를 수 있는지에 대해, 빛을 거의 받지 못하고 사는 작은 식물에 대해…….

그런 것들을 모두 알려 준 뒤, 멜은 리처드를 다시 숲으로 데려갔다. 그러고는 진지한 목소리로 말했다.

"우리는 지금까지 숲에 대해 공부해 왔지만, 우리가 본 건 절반에 불과하단다."

리처드는 의아한 얼굴로 물었다.

"그게 무슨 말이에요?"

"우리는 숲에 있는 것들이 어떻게 자라는지를 보았어. 하지만 자라는 게 있으면 그만큼 썩는 게 있어야 한다. 그렇지 않으면 숲에 있는 것들 모두가 사라져 버릴지도 모른단다. 숲에 있는 것들이 자라면서 땅속의 영양분을 모두 흡수해 버리면 어떻게 되겠니? 더 이상 이용할 수 있는 물질이 없으니 아무것도 자랄 수 없게 되고 말 거야. 그러니 자라는 것만큼 같은 양이 썩어서 땅속으로 흡수되어야 이 숲이 유지될 수 있겠지?”

멜은 천천히 숲을 거닐기 시작했다. 그러더니 썩은 나무의 그루터기를 찾아 발로 차 부러뜨렸다. 그리고 리처드에게 안을 들여다보게 했다. 거기에는 이상하게 생긴 벌레들이 우글거렸고, 처음 보는 버섯들이 자라고 있었다. 멜은 리처드에게 그 안에서 기생하는 박테리아를 보여 주고 싶었던 것이다. 박테리아를 눈으로 확인해 볼 수야 없었지만, 썩은 나무가 분해 과정을 거쳐 땅으로 흡수되는 것은 충분히 알 수 있었다. 멜은 그렇게 숲에서 이루어지는 자연계의 순환을 리처드에게 가르쳐 주고 싶어 했다.

리처드는 아버지가 들려주는 말들이 옳지 않을 수도 있다고 생각했다. 하지만 관찰을 통해 놀라운 생명의 신비를 발견할 수 있어서 좋았다. 리처드 파인만은 과학이 무엇인지를 그렇게 배웠다. 그리고 과학은 인내라는 사실도 경험을 통해 알게 되었다. 아버지와 함께한 많은 경험은 훗날 그가 과학자로 성공하는 데 든든한 밑거름이 되었다.

멜은 리처드에게 사물을 관찰하는 방법도 가르쳐 주었다. 리처드가 장난감 기차를 갖고 놀 때였다. 기차가 구를 수 있는 철로가 따로 갖춰져 있는 장난감이었다. 그리고 기차 안에는 구슬이 들어 있었다. 리처드는 기차를 앞뒤로 밀며 놀다가 구슬이 움직이는 법칙을 알아냈다. 그는 곧장 아버지에게 달려가 물었다.

"아빠, 이거 보세요. 기차를 끌어당기면 구슬이 기차 뒤쪽으로 굴러가고, 기차를 끌다가 갑자기 멈추면 구슬이 기차 앞쪽으로 굴러가요. 왜 그런 거죠?"

"움직이는 물체는 계속해서 움직이려는 경향이 있고, 정지해 있는 것은 계속 정지해 있으려고 하는 게 일반적인 원칙이란다. 그런 성질을 관성이라고 하지. 하지만 왜 그런지는 아직 밝혀내지 못했단다."

멜은 언제나 대화를 하면서 리처드를 가르쳤다. 억지로 무언가를 가르치려 든 적이 없었다. 흥미롭고 사랑이 깃든 대화 속에서 자연스럽게 세상의 비밀을 터득하도록 했다. 멜의 그러한 가르침은 리처드를 과학에 심취하게 만들었다.

리처드 파인만은 과학의 모든 분야에 흥미를 갖게 되었다. 그는 차츰 아버지의 가르침을 벗어나, 과학의 신비롭고 경이로운 세계를 스스로 탐구할 수 있게 되었다. 그리고 아버지보다 많은 과학 지식을 쌓아 갔다.

리처드 파인만이 살던 동네의 공공 도서관에는 시리즈로 나오는 수학책이 있었다. 리처드는 이 책들을 차례로 빌려 보며 수학의 세계를 탐구했다. 그러던 중 도서관에서 『실용 미적분』이란 책을 구입할 거라는 소식을 들었다. 리처드는 이 기회에 미적분을 꼭 배워야겠다고 다짐했다. 전에 아버지와 함께 백과사전을 읽어 나가며 미적분이 중요하고 재미있는 과목이라는 걸 깨우쳤기 때문이었다.

마침내 도서관에 책이 들어왔다는 소식을 들었다. 도서관으로 달려간 리처드는 그 책을 빼 들고 사서에게로 갔다. 사서는 믿을 수 없다는 눈으로 리처드를 쳐다보며 말했다. 그때 리처드는 겨우 열 두서너 살이었다.

"너처럼 어린애가 뭐 하려고 이 책을 빌리려고 하지? 이 책은 어른들이나 보는 거야."

리처드는 어떻게 대답해야 할지 몰라 잠깐 동안 망설였다. 그러다 거짓말을 하기로 마음먹었다. 리처드 파인만은 일생을 통해 거짓말을 해 본 적이 몇 번 없었다고 한다. 그런데 바로 그때 어쩔 수 없이 거짓말을 해야만 하는 상황이 벌어진 것이다. 리처드는 짐짓 태연한 표정을 지어 보이며 말했다.

"예, 아버지께서 빌려 오라고 하셔서요."

책을 빌려 온 리처드는 혼자서 미적분을 공부하기 시작했다. 그에겐 별로 어렵지 않은 일이었다. 그는 이미 수학에 대해 많은 공부를 해 왔던 것이다.

리처드가 미적분에 대해 아는 척을 하자, 아버지도 리처드가 읽는 책에 관심을 보였다. 그러나 아버지는 그 책을 리처드만큼 쉽게 이해하지 못했다. 리처드는 아버지가 자기에게 해 주었던 것처럼 아버지에게 미적분을 아는 대로 설명해 주었다. 그때까지 리처드는 아버지가 그 정도로 쉬운 내용을 이해하지 못하리라고 상상조차 하지 않았기 때문에 조금 놀랐다. 그리고 어떤 부분에 있어서는 자신이 아버지보다 많이 배웠다는 사실을 처음으로 알게 되었다.

# 어린 라디오 수리공

리처드 파인만은 열두어 살 무렵에 집 안에 작은 실험실을 꾸몄다. 커다란 포장용 나무 상자를 구해 거기에 둥지를 튼 것이다. 단지 자기만의 공간에서 장난을 치며 놀기 위해 만든 실험실이었다. 파인만은 실험실에 난로도 하나 갖춰 놓았다. 발갛게 달궈진 난로에 종종 감자를 구워 먹었다. 전동기도 만들었다. 광전지 앞에 무언가가 지나가면 작동하도록 고안된 장치, 그리고 스위치와 전구들을 이용해 만든 램프 뱅크도 갖춰 놓았다.

또 현미경이 있어서 그걸로 무언가를 관찰하는 것을 즐겼다. 여기에는 인내심이 필요했다. 파인만은 현미경의 재물대에 짚신벌레 같은 걸 올려놓고 끈질기게 관찰하곤 했다. 장난감 현미경도 하나

있었다. 파인만은 그 현미경의 대물렌즈를 빼서 확대경으로 사용
했다. 배율이 40~50배에 이르는 렌즈였다. 파인만은 그것으로 장
소를 가리지 않고 돌아다니며 관찰하기를 좋아했다.

파인만에게는 버니 워커라는 친구가 있었다. 그 친구에게도 실
험실이 있었다. 파인만은 버니 워커와 많은 시간을 보냈다. 둘은 동
네 꼬마들을 상대로 화학 실험을 이용한 마술쇼를 벌이기도 했다.
파인만은 약간의 무대 기질을 지니고 있었고, 버니 워커도 그랬다.
서로 아주 잘 맞는 단짝이었다.

두 사람은 아이들을 불러 모아 놓고 탁자에서 갖가지 묘기를 선
보였다. 아이들이 모이면 우선 탁자 양옆으로 버너를 켜 놓았다. 버
너 위에 요오드를 적신 둥근 유리판을 얹어 놓으면 탁자 양쪽에서
자줏빛 연기가 피어오른다. 그 연기를 바라
보고 있으면 멋진 느낌이 절로 들었다.
아이들도 환성을 터뜨렸다.

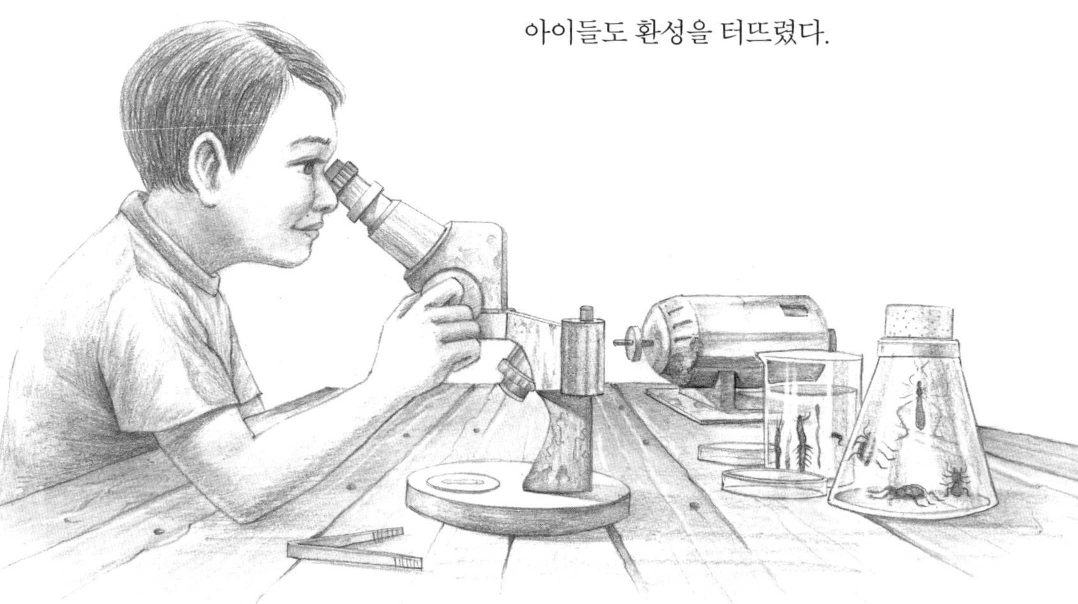

두 사람은 술을 물로 바꾸는 실험을 아이들에게 보여 주기도 했다. 실험을 마칠 때는 둘만이 아는 과학 상식을 이용해 아이들을 놀라게 했다.

먼저 아이들 몰래 두 손을 물에 담갔다가 벤젠 용액에 손을 다시 담근다. 그런 다음 실수한 것처럼 버너에 한 손을 대면 손에 불이 붙게 된다. 아이들이 기겁을 하고 놀랄 수밖에 없다. 다급해져서 불을 끄려는 듯 다른 손으로 황급히 불붙은 손을 치면 양손에서 불이 치솟게 된다. 사실 그렇더라도 손이 불에 데는 일은 없다. 벤젠은 불에 빨리 타 버리고, 물에 의해 열이 식기 때문이다. 그렇지만 아이들은 그걸 알 리가 없다. 비명을 질러 대는 아이들의 얼굴이 새파랗게 질린다. 두 사람은 허둥거리는 척하면서 불이 활활 타오르는 양손을 흔들어 댄다. 그러면서 "불이야! 불이야!" 하고 외친다. 결국 아이들은 모두 깜짝 놀라 실험실을 뛰쳐나가고 만다. 두 사람이 벌이는 마술쇼는 그렇게 황당하고 다소 유별난 방식으로 막을 내리곤 했다.


돈이 궁했지만, 파인만은 벼룩시장에 가서 라디오를 사기로 했다. 그가 산 라디오는 낡은 데다 고장까지 난 것이어서 그리 많은 돈이 들지는 않았다. 파인만은 라디오를 직접 수리하기로 했다. 단순한 고장이라서 쉽게 고칠 수 있을 것 같았다. 분해해 보니, 라디오의 전선이 몇 개 잘려 있었고 코일이 풀려 있는 부분도 보였다. 그래서 그것들을 고쳐서 소리가 나게 만들었다.

파인만은 그 라디오로 텍사스 주의 와코(WACO) 채널에서 방송하는 프로그램이나 스커넥터디(Schenectady)에서 방송하는 와이지엔(WGN) 채널을 들었다. 파인만은 그 방송을 뉴욕에서 방송하기 한 시간 전에 들을 수 있었다.

파인만의 사촌 동생들과 여동생 조운, 다른 이웃 아이들은 와이지엔 채널에서 방송하는 〈에노 범죄 클럽〉을 즐겨 들었는데, 파인만은 한 시간 전에 실험실에서 미리 그 방송을 듣곤 했다. 그러고는 실험실에서 나와 〈에노 범죄 클럽〉에 한창 귀를 기울이고 있는 아이들 사이에 슬쩍 끼어들며 말했다.

"얘들아, 곧 누가 나와서 이 위기에서 벗어나게 해 줄 거야."

아이들은 믿을 수 없다는 얼굴로 파인만을 쳐다보았다.

"정말이라니까."

2초쯤 지나서, 정말 파인만이 말했던 인물이 등장했다. 그러고는 그의 말처럼 위험한 상황을 깨끗하게 해결해 버리는 것이었다. 아이들의 입에서 탄성이 흘러나왔다.

"우와! 형, 대단하다! 그걸 어떻게 알았어?"

파인만은 시치미를 떼고서, 앞으로 벌어질 상황에 대해 몇 가지 더 들려주었다. 방송은 파인만이 말한 대로 척척 들어맞았다. 그때마다 아이들은 "어, 진짜네!" 하면서 놀라워했다. 그러나 그런 일이 자주 반복되면서 아이들도 파인만의 술수를 알아채게 되었다. 아이들이 어떻게 알아냈느냐고 다그쳤다. 파인만은 위층에 실험실이 있다는 사실을 밝혔다. 그리고 이미 한 시간 전에 같은 방송을 들었다고 말해 주었다.

그날부터 아이들은 방송 시작 한 시간 전부터 파인만의 실험실로 우르르 몰려와 〈에노 범죄 클럽〉을 듣게 되었다.


리처드 파인만은 라디오를 좋아했다. 밤에 잘 때도 이어폰으로 라디오를 들을 정도였다. 그의 부모는 밤늦게 돌아와 아들의 귀에서 이어폰을 빼 주곤 했다. 파인만이 이어폰으로 라디오를 들으면 자는 동안 머리가 어떻게 될까 봐 걱정스러웠던 모양이다.

그 무렵 파인만은 간단한 도난경보기를 발명했다. 그것은 축전지와 전선 몇 가닥으로 만들어진 것이었는데, 방문이 열리면서 축전지에 전선이 연결되면 회로가 닫히고, 이내 벨이 울리게 되는 원리였다. 파인만은 그 경보기를 시험해 보기로 마음먹었다. 마침 그날은 아버지와 어머니가 나란히 외출 중이었다. 파인만은 경보기를 방문에 연결해 두고 잠든 척하면서 부모님이 돌아오기를 기다렸다.

마침내 외출에서 돌아온 부모가 파인만의 방문을 조심스레 열었다. 파인만의 귀에 꽂혀 있을 이어폰을 빼 주기 위해서였다. 그런데 방문을 여는 순간, 갑자기 엄청난 벨소리가 울려 댔다. 파인만의 부모는 깜짝 놀라 어쩔 줄 모르고 허둥거렸다. 파인만은 침대에서 벌떡 일어나며 외쳤다.

"와, 성공이다. 벨이 울렸어! 엄마, 아빠! 제가 도난경보기를 발명했다고요."


파인만은 전기 모터도 장난감처럼 갖고 놀며 이것저것 만들거나 실험을 해 보았다. 증폭기도 직접 만들어 사용했다. 그렇게 실험실에 처박혀 과학적인 실험을 하거나 무언가를 만들며 노는 것을 좋아했다. 또 라디오에 확성기와 마이크를 연결해 여러 가지 시도를 해 보기도 했다. 그러던 어느 날 숙모가 운영하는 호텔에서 전화가 왔다.

"여보세요? 당신이 리처드 파인만인가요?"

"그런데요?"

"여기 고장 난 라디오들이 있는데, 오셔서 수리를 해 주실 수 있나요?"

"하지만 저는 아직 어리고, 수리하는 법은 아직……."

"그건 알지만, 당신이라면 잘 고칠 수 있을 거라고 하는군요."

호텔에서 굳이 어린 파인만에게 라디오 수리를 맡긴 것은 당시

가 경제 대공황 시기였기 때문이다. 그때는 사람들 모두 라디오를
수리하는 일 따위에 들일 돈이 없었다. 그러던 중 한 꼬마가 라디오
를 잘 고친다는 소문을 들었던 모양이었다.

파인만은 뒷주머니에 커다란 드라이버를 꽂고 호텔로 갔다. 그
러나 사실 그때 파인만은 라디오 수리에 대해 아는 게 별로 없었다.
그래도 실험실에서 해 오던 대로 여러 가지 시도를 하며 라디오를
하나하나 고쳐 나갔다. 수리가 점점 복잡해지면서 파인만의 기술
도 점점 나아졌다. 그렇게 해서 또 다른 사람들로부터도 라디오를
고쳐 달라는 부탁을 받게 되었다.

파인만이 인쇄소에서 일을 하고 있을 때였다. 인쇄업자와 알고
지내던 사람이 파인만이 라디오를 잘 고친다는 소문을 듣고 찾아
왔다. 수리를 부탁한 사람은 첫눈에 보기에도 무척 가난해 보였다.
옷차림이 허름하고 얼굴 역시 꾀죄죄했다. 그가 타고 온 자동차는
제대로 굴러갈 수나 있을지 의심스러웠다. 그래도 파인만은 일단
그의 고물 자동차에 올라, 도시의 외곽에 있는 그의 집으로 향했다.
가는 도중에 어떤 고장인지 물어보았다.

"라디오에 무슨 문제가 있는 거죠?"

"그게 말이다, 라디오를 틀면 처음엔 잡음이 나다가, 좀 있으면 잘
나오거든. 근데 처음에 나는 그 소리가 조금 듣기 싫어서 말이야."

그의 말을 듣고 파인만은 조금 실망스러웠다. 대수롭지 않은 고

장이라는 판단이 들어서였다. 그런데 그가 약간 얕보는 듯한 말투로 파인만에게 물어 왔다.

"그런데, 너 라디오에 대해선 좀 아니? 어떻게 알게 된 거냐? 너 같은 꼬마가 말이다."

그는 계속 의심쩍은 눈길로 파인만을 내려다보며 말했다. 그는 나이 어린 파인만이 여전히 미덥지 못한 눈치였다. 파인만은 대답 없이 혼자 생각했다. '쳇! 그래서 어쨌단 말이야. 겨우 그 정도 고장 가지고 사람을 데려가면서.'

그런데 막상 그의 집에 도착해 라디오를 틀어 보니, 엄청난 잡음이 마구 터져 나오는 것이었다.

"맙소사! 잡음이 조금 난다구요? 놀라 자빠질 뻔했다고요."

파인만의 말에 라디오 주인은 멋쩍게 웃었다. 그러더니 '어린 네가 고칠 수 있겠니?' 하는 얼굴로 바라보았다.

파인만은 이리저리 걸어 다니며 생각에 잠겼다. 고장 원인을 생각해 보기 위해서였다. 그러자 주인이 대체 뭐 하는 거냐고 물었다.

"라디오 고치러 와서 그렇게 어슬렁거리기만 할 거냐?"

파인만은 단박에 대답했다.

"어떻게 고쳐야 할지 생각하는 거예요."

"그렇게 생각만 하고 있으면 라디오가 저절로 고쳐지기라도 한단 말이냐?"

순간 번쩍하고 떠오른 생각이 있었다. 파인만은 라디오를 뜯어 진공관을 빼서 돌려 끼우고, 다시 라디오를 켜 보았다. 그랬더니 그 엄청난 소음은 더 이상 들리지 않았다. 그때서야 주인의 태도가 바뀌었다.

"와! 리처드, 너 정말 대단하구나. 생각만으로 라디오를 고치다니 말이다."

그 뒤로 라디오의 주인은 파인만에게 다른 일까지 구해 주었다. 또 다른 사람들에게 파인만이 대단한 재능을 가진 아이라고 칭찬을 늘어놓았다.

"리처드 그 아이는 생각만으로 라디오를 고친다니까요."

때로 고장의 원인을 잘 몰라서 수리하는 시간이 길어지는 수도 있었다. 그러나 파인만은 포기하지 않고 끈질기게 물고 늘어졌다. 그리고 어떻게든 원인을 찾아내 수리해 내고야 말았다. 소년 파인만은 그렇게 물리학자로서 필히 갖춰야 할 끈기와 인내를 배워 나갔다. 궁금증이 풀릴 때까지 집요하게 물고 늘어지며 몰입하는 습관도 자연스레 형성되었다.

# 저는 오직 사실만을 알고 싶어요!

유대인 부모로부터 태어난 리처드 파인만은 어려서부터 유대교의 가르침을 받으며 자랐다. 가족 모두 유대교 신자였고, 매주 금요일마다 회당에 나가 예배를 보았다. 그 영향으로 파인만은 주일학교에 다니며 유대 민족의 언어인 히브리어를 배우기도 했다.

아버지는 파인만에게 종교적인 믿음을 심어 주는 한편, 세상의 과학적 원리에 대해 깨우쳐 주려 했다. 그러나 과학적인 원리에 익숙해 있던 파인만은 종교적인 기적을 어떻게 받아들여야 할지 혼란스러울 때가 많았다.

어느 날 랍비(유대교의 종교 지도자)가 바람이 전혀 불지 않았는데 나뭇잎이 흔들렸다는 기적을 말할 때였다. 파인만은 그 종교적인 기적을 하나의 자연현상으로 받아들였다. 그리고 그것을 과학적으로 설명해 보려고 시도했다.

하지만 결코 받아들일 수 없는 기적들도 있었다. 그중 하나는 모세가 지팡이를 던지자 뱀으로 변했다는 일화였다. 파인만은 도무지 지팡이가 뱀으로 변했다는 걸 이해할 수 없었다. 어쩌면 그때 현장에 있었던 사람들이 뱀과 비슷한 물체를 보았을지도 모른다는 생각뿐이었다.

'그래, 지팡이를 뱀으로 잘못 봤을 거야.'

그래도 파인만은 주일학교에 다니는 동안 그런 종교적인 기적들을 믿으려고 애썼다. 그러면서도 그런 현상을 과학적으로 설명해내기 위해 골머리를 앓았다. 그러다 마침내 그런 믿음이 송두리째 흔들리는 계기가 찾아왔다. 파인만이 열한두 살 무렵이었다.

주일학교의 랍비가 1400년대 스페인에서 벌어졌다는 역사적인 사건을 들려주고 있었다.

"1400년대 후반이었다. 스페인의 군주들은 가톨릭교 외의 다른 종교들을 탄압하기 시작했단다. 다른 교인들을 심판하기 위해 이단 심문소를 설치하고 우리 유대인들을 고문하고 처형했지. 끔찍한 일이 벌어지기 시작한 것이다. 당시에 루스라는 여인이 있었다. 그녀도 심문소에 끌려가게 되었지……."

랍비는 당시 루스라는 여인이 어떤 죄목으로 끌려갔는지, 어떤 변론이 있었는지에 대해 자세하게 들려주었다. 파인만은 랍비가 들려준 말이 당연히 어딘가에 기록되어 있을 거라고 믿었다. 다른 아이들 역시 마찬가지였다. 랍비의 말에 의심을 품거나 반발하는 행위 자체가 유대교에 대한 반역으로 받아들여질 만큼 랍비는 유대인들의 존경과 우러름을 받는 존재였던 것이다.

랍비는 루스라는 여인이 어떻게 죽어 갔는지에 대해서도 알려 주었다. 랍비는 여인이 죽어 가면서 무슨 생각을 했는지 말하기 시작했다. 그 장면을 상상하면서 파인만은 충격을 받을 수밖에 없었다. 그리고 한 가지 궁금증이 일었다. 수업이 끝나고 나서 파인만은 궁금한 점을 랍비에게 물었다.

"그런데요, 랍비?"

"왜 그러느냐?"

"루스가 죽어 가면서 그런 생각을 했다는 걸 사람들이 어떻게 알았을까요?"

랍비는 잠시 머뭇거리는 눈치였다. 그러다 파인만을 물끄러미 바라보며 입을 열었다.

"애야! 그건 말이다, 우리 유대인들이 그 당시에 얼마나 끔찍한 일을 당했는지에 대해 생생하게 설명하기 위해 지어낸 얘기란다. 그러니까 루스라는 여자는 실제 인물이 아니란 말이다."

파인만은 랍비의 말을 듣고 허탈한 기분이 들었다.

'그렇다면 그동안 내가 믿어 온 기적들도 지어낸 얘기일 수 있다는 말이 아닌가? 대체 랍비의 말씀 중에 어떤 게 사실이고 어떤 게 지어낸 얘기일까?'

파인만은 혼란스러웠다. 랍비가 방금 들려준 말이 단지 꾸며 낸 얘기라는 말에 그저 막막하기만 했다. 속았다는 기분과 함께 분한 느낌도 들었다. 하지만 아직 어린 나이인 파인만은 거기에 대해 항의를 할 수도 없었다. 그래서 파인만은 어쩔 줄 모르고 훌쩍거리기 시작했다. 놀란 랍비가 물었다.

"아니 얘야! 너 갑자기 왜 그러니? 대체 뭐 때문에 우는 것이냐?"

"저는 지금까지 랍비께서 해 주신 말씀이 모두 사실인 줄 알았어요. 그런데 오늘 랍비 말씀을 듣고 보니, 어떤 게 사실이고 어떤 게 꾸며 낸 얘긴지 구별할 수가 없어졌어요. 저는요, 그런 식으로 남이 지어낸 얘기는 관심 없어요. 실제 일어났던 현상에 대해서만 알고 싶을 뿐이라고요."

파인만은 랍비에게 그동안 이해하기 힘들었던 종교적인 기적들을 믿기 위해 애써 왔던 일에 대해 말했다. 하지만 이제 그런 기적을 더 이상 믿을 수 없게 되었다고도 말했다. 그렇게 말하고 나니 차라리 잘됐다는 생각도 들었다. 이제 그런 일들을 억지로 믿으려고 하지 않아도 되겠다는 생각이 들어서였다. 그래도 기분이 좋지는 않았다. 랍비는 울먹이며 말하는 파인만을 이상한 눈초리로 쳐다보며 말했다.

"그렇다면 대체 넌 주일학교에 왜 나오는 거냐?"

"부모님이 나가라고 하시니까요."

파인만은 그만 집으로 돌아왔다. 분한 얼굴로 들어서는 파인만을 보고 어머니가 무슨 일이냐고 물었다. 그러나 파인만은 주일학교에서 그런 일이 있었다는 걸 말하지 않았다. 그런데 랍비가 파인만의 부모에게 직접 그 사실을 알린 모양이었다. 그 뒤로 파인만의 부모는 아들을 주일학교에 보내지 않았다.

그 일로 인해 파인만은 종교적인 기적을 비롯한 세상의 모든 기적은 만들어진 얘기일 수 있다고 생각하게 되었다. 그런 일들을 자연스러운 현상으로 받아들일 수 없더라도 별 상관없다고 생각하니 혼란스러움도 사라졌다. 그리고 자연현상에 대해 더욱 흥미를 갖고 연구할 수 있었다.

리처드 파인만은 그렇게 종교적인 관심으로부터 멀어졌다. 그 일이 파인만을 과학의 객관적 사실에만 매진하게 하는 데 결정적인 계기가 되어 준 것이다. 그러나 소년 파인만이 그때 계속 종교적인 현상에 관심을 갖고 인문적인 성찰을 해 나갔더라면 하는 아쉬움이 진하게 남는다. 그랬더라면 파인만은 좀 더 폭넓은 시각과 인문적 교양을 갖춘 물리학자로 성장할 수 있었을 것이다.

훗날 원자폭탄 개발 계획에 참여할 기회가 닥쳤을 때도 그러한

인문적 · 종교적인 소양이 보다 현명한 판단과 행동을 가능하게 해
줄 수 있었을지도 모른다.

## 경제 대공황

파인만이 이웃의 라디오 수리를 도맡아 했던 당시의 미국은 심각한 경제 대공황을 겪고 있었다. 경제공황이란 경제가 원활하게 순환하지 못하는 데서 비롯되는 경제 혼란 현상을 말한다. 공황기에는 생산과 소비의 불균형으로 화폐에 대한 신용 붕괴 현상이 뒤따른다. 또 파산이 속출하여 많은 사람들이 일자리를 잃게 되면서 경제 활동이 마비된다.

파인만이 태어날 무렵, 미국은 제1차 세계대전에 간접적으로 참여함으로써 막대한 이득을 얻어 호황을 누리고 있었다. 그러나 자본과 산업의 불균형 성장, 유럽 경제의 침체로 말미암아 1920년대에 들어서는 불황으로 접어들었고 1929년 엄청난 주가 폭락을 기록했던 뉴욕 월가의 '암흑의 월요일'을 기점으로 세계 공황의 늪으로 휩쓸려 들어갔다. 주력 성장 산업이었던 건축 · 철강 · 자동차 산업의 감퇴가 일어났고, 도산 기업이 속출하면서 대다수의 국민이 생활고에 허덕이게 되었다. 하루하루의 생계를 꾸려 나가기에도 벅찼던 당시로서는 라디오 수리를 위해 돈을 쓴다는 것은 사치스런 일이었다.

1929년에서 1933년까지 지속되었던 경제 대공황은 이후 국가 독점 자본주의와 제2차 세계대전 발발의 밑바탕이 된다.

# 편견을 공략하는 유쾌한 재담꾼

# 첫 번째 데이트

소년 파인만에게도 가슴 부푼 사춘기의 시절이 찾아왔다.

열세 살 무렵, 리처드 파인만은 주로 자기보다 나이 많은 형들과 어울려 놀았다. 그들은 여자아이들과 함께 방파제에 올라가 노닥거리는 걸 즐겼다. 파인만도 그 여자아이들 중 한 명에게 관심을 갖고 있었다. 그녀의 이름은 바바라였다.

어느 날 바닷가에서 놀고 있던 파인만은 자기도 모르게 이렇게 중얼거렸다.

"바바라와 함께 영화라도 보러 갔으면 좋겠다."

그 말을 들은 한 친구가 "그래?" 하더니 신 나게 바위 위로 올라가 바바라를 찾았다. 그러고는 바바라의 등을 떠밀며 파인만이 있는 곳으로 데려왔다. 바바라가 영문을 모르겠다는 듯 말했다.

"무슨 일인데 그래?"

"리처드가 너한테 하고 싶은 말이 있대."

파인만은 얼굴이 발그레해졌다. 막상 바바라가 가까이 다가오자

창피한 느낌이 들어 무척 당황스러웠던 것이다. 무슨 말을 해야 할

지도 떠오르지 않았다. 사실 파인만은 수줍음이 많은 소년이었다.

형들이 파인만을 빙 둘러쌌다. 그러고는 다그치듯 재촉했다.

"자, 어서 말해, 리처드!"

"그래, 얼른 말해 보라구!"

파인만은 할 수 없이 입을 열었다.

"저 있지, 바바라. 나랑 영화 보러 가지 않을래?"

"그, 그럴까?"

여자와의 첫 데이트. 흥분과 기대로 파인만은 가슴이 심하게 쿵 쾅거렸다. 파인만은 일단 집으로 가서 어머니한테 그 사실을 알렸다. 어머니는 잠시 파인만을 물끄러미 바라보더니 빙그레 미소를 지었다. 그리고 여자와 데이트를 할 때의 예절을 세세하게 알려 주었다.

"도로를 걸을 때는 네가 바깥쪽에 서서 걸어야 해. 그리고 버스에서 내릴 때는 네가 먼저 내려서 바바라에게 손을 내밀어 주고……."

저녁 식사 후 파인만은 말끔한 옷차림을 하고 바바라의 집으로 갔다. 두근거리는 가슴은 여전히 진정되지 않고 있었다. 데이트를 무사히 마칠 수 있을까 걱정스럽기까지 했다. 파인만은 긴장을 풀기 위해 심호흡을 몇 번 하고 나서 벨을 눌렀다. 약속 시간에 맞춰 갔는데도 바바라의 준비가 끝나지 않아서 거실에 앉아 기다려야 했다. 바바라 가족은 손님들을 불러 함께 식사를 하고 있었다. 그들은 파인만을 흘끔거리며 자기네들끼리 말했다.

"저 애, 진짜 귀엽지 않니?"

파인만은 혼자 거실 소파에 앉아 그런 말을 듣고 있는 게 무척 괴로웠다. 이윽고 파인만은 바바라와 함께 마을에 새로 생긴 작은 극장으로 향했다. 바바라와 나란히 걸으며 피아노 얘기를 나누었다. 영화를 보고 나서는 어머니가 일러 준 대로 바바라를 집까지 바래다주었다. 파인만은 문 앞 계단에 서서 잘 자라고 말했다. 바바라가 말했다.

"그래, 너도. 정말 즐거운 저녁 시간이었어. 고마워."

바바라한테서 고맙다는 말을 듣고 파인만은 기분이 좋아졌다. 어쩐지 어깨가 으쓱해지는 기분이었다.

그 후 파인만은 다른 여자 친구와 두 번째 데이트를 하게 되었다. 그때도 그녀는 헤어질 때 고마웠다며 즐거운 저녁을 보냈다고 인사를 건네 왔다. 바바라와 똑같은 대답이었다.

같은 말을 연속으로 듣게 되자 파인만은 이제 그다지 기분이 좋지 않았다. 그는 틀에 박힌 말을 되풀이하는 것을 싫어했다. 틀에 박힌 생각이나 행동을 하는 것도 좋아하지 않았다. 언제나 새로운 것을 찾아 모험을 즐기고, 그 새로움 속에서 즐거움을 누리고 싶어 했다. 그래서 다음 데이트를 할 때는 뭔가 다른 말을 듣고 싶었다.

마침내 세 번째 데이트를 하게 되었다. 드디어 헤어져야 할 시간이 되었다. 파인만은 다른 날과 마찬가지로 "잘 자." 하고 말했다. 그러자 여자 친구도 막 무슨 말을 꺼내려고 했다. 그 순간 파인만이 먼저 선수를 쳤다.

"정말 즐거운 저녁 시간이었어. 고마워."

여자 친구는 당황한 기색이었다. 자기가 하려고 했던 말을 파인만이 먼저 해 버린 탓이었다. 한동안 우물거리던 그녀가 간신히 말을 꺼냈다.

"어, 음…… 그래. 나도 즐거웠어. 고, 고마워."

결국 파인만은 비슷한 인사말을 들어야 했다.

# 첫사랑, 아를렌

파인만이 아직 사춘기 소년다운 호기심에 사로잡혀 있을 때 첫 사랑의 열병이 그를 덮쳐 왔다.

파인만이 바닷가에서 같이 놀던 형들과 파티를 하고 있을 때였다. 그중 나이가 서너 살 많은 한 친구가 있었다. 그는 부엌에서 여자 친구와 입맞춤을 하며 다른 아이들에게 그 방법을 알려 주고 있었다.

"너희는 아직 키스도 못 해 봤지? 내가 하는 걸 잘 보라구. 입을 맞출 때는 입술을 이렇게 서로 직각으로 엇갈리게 해야 하는 거야. 안 그러면 코가 부딪치거든."

그걸 보고 파인만도 거실로 가서 마음에 드는 한 여자애에게 말을 걸었다. 방금 배운 것을 직접 해 보기 위해서였다. 파인만은 그 여자애와 나란히 소파에 앉았다. 그러고는 그 친구의 어깨에 한 손을 두르고 천천히 상체를 기울여 입을 맞추었다.

그때였다. 갑자기 떠들썩한 소리가 들렸다. 별안간 아이들 모두가 흥분하기 시작한 것이다. 그중 누군가가 들뜬 목소리로 외쳤다.

"얘들아, 아를렌이 온다!"

파인만은 그때까지 아를렌을 한 번도 본 적이 없었다. 이름도 그때 처음 들었다.

"아를렌? 대체 아를렌이 누군데 저렇게 난리들이람."

파인만은 중얼거리며 그대로 소파에 앉아 있었다. 다른 친구들은 다들 자리에서 일어나 아를렌을 맞을 준비를 하고 있었다.

드디어 아를렌이 들어섰다. 그녀를 바라본 순간, 파인만은 왜 다른 친구들이 그렇게 소란을 피웠는지 알 것 같았다. 아를렌은 정말 예뻤다. 그 자리에 있는 어느 여자보다도 빛이 나는 여자아이였다. 그러나 파인만은 그녀가 아무리 예뻐도 다른 친구들처럼 하던 일을 팽개치고 우르르 몰려가는 것은 옳지 않다고 생각했다. 그래서 옆에 앉은 여자친구와 계속 입맞춤을 이어 갔다. 그 때문이었을까. 아를렌이 파인만에게 관심을 보였다. 그녀는 의아한 눈길로 파인만 쪽을 바라보았다. 다른 남자 아이들은 모두들 자기 주위에 몰려와 있는데, 유독 한 아이만 모른 척하고 있어서 좀 이상했던 모양이다. 그러거나 말거나 파인만은 옆에 있는 여자 친구와 계속 입맞춤을 했다.

파인만이 아를렌에게 처음으로 말을 건넨 것은 어느 댄스파티에서였다. 모든 남자 아이들이 아를렌과 춤을 추기를 원했다. 파인만도 그녀와 춤을 추고 싶었다. 하지만 그녀 옆으로 다가간다는 게 쉽지 않았다. 또 파인만에게는 그럴 만한 용기가 없었다. 그런 자리에서 적극적으로 행동하는 것에 자신이 없었다. 한동안 망설이던 파인만은 혼잣말하듯 중얼거렸다.

"아, 나도 아를렌과 춤추고 싶은데……."

그 말을 들은 다른 아이들이 큰 소리로 말했다.

"얘들아! 리처드도 아를렌하고 춤추고 싶대."

소극적인 성격을 타고난 파인만은 결국 다른 아이들의 도움으로 아를렌과 춤을 줄 수 있게 되었다. 파인만은 음악에 맞춰 몸을 흔들면서 전부터 아를렌에게 묻고 싶었던 말을 털어놓았다.

"넌 다른 애들한테 아주 인기가 많더라. 그 기분이 어떠니?"

어찌 보면 바보 같은 질문이었다. 그래도 파인만은 아를렌이 어떻게 말할지 무척 궁금했다.

"글쎄, 잘 모르겠는데."

아를렌으로서는 썩 내키지 않는 질문이었던 모양이다. 그녀는 더 이상 별말이 없었다. 그날의 파티는 그렇게 마무리되었다.

그 일 뒤로 파인만은 아를렌과의 운명적인 사랑을 예감하게 되었다. 그녀에 대한 생각으로 잠 못 이루는 밤이 이어졌다. 다시 한 번 그녀를 만나 애기를 나누고 싶은 생각뿐이었다. 난생 처음 겪어 보는 사랑의 열병이었다. 고통스러우면서도 감미로운 속삭임이 가슴 가득 차올랐다.

파인만은 궁리 끝에 아를렌을 댄스파티에 초대하기로 했다. 어머니의 친구가 하던 댄스 교습소에서 열리는 파티였다.

드디어 아를렌과의 첫 번째 데이트. 파인만은 아를렌의 마음을 확실하게 사로잡고 싶었다. 그러나 그 파티는 파인만과 친한 다른 친구들도 참석한 자리였다. 다들 아를렌과 사귀고 싶어 안달이 나 있는 친구들이었다. 그런데도 친구들은 일단 파인만을 안심시키려 했다. 친구들이 파인만을 옷 보관소로 데려가면서 말했다.

"야, 리처드! 오늘 저녁에는 네가 아를렌과 함께 있는 걸 방해하지 않을게. 안심해라. 진짜로 그 애한테는 접근하지 않을 거야."

그러나 막상 파티가 시작되자, 친구들은 방금 전에 파인만에게 했던 말을 까맣게 잊어버린 듯했다. 다들 아를렌과 춤을 추려고 끼어들기 경쟁을 벌였던 것이다. 하지만 파인만은 그런 친구들을 그저 보고만 있을 수밖에 없었다. 수줍음을 많이 타는 데다 소극적인 성격이었던 파인만으로서는 그럴 수밖에 없었다.

파인만은 모든 친구들이 자기보다 강해 보였다. 다른 친구들은 야구나 축구 같은 운동을 잘했지만, 파인만은 그렇지 못했다. 어쩌다 친구들이 야구를 하고 있는 장소를 지나가기라도 하면 공이 자기한테 날아올까 봐 걱정할 정도였다. 만약 공이 날아오면 그 공을 던져 줘야 하는데, 파인만은 그 공을 정확하게 던져 줄 자신이 없었다. 공을 던지면 목표 지점에서 많이 벗어나 버리거나, 아예 그 지점에 미치지 못하는 때가 많았다. '그러면 아마 친구들이 나를 비웃을 거야.' 이런 생각을 하는 것은 정말이지 끔찍한 일이었다. 그런 육체적인 열등감이 파인만을 괴롭혔다. 그는 여자아이 앞에서 자신이 나약해 보일까 봐 걱정스러워했다.

그러던 어느 날, 아를렌의 집에서 파티가 열렸다. 아를렌이 파인만을 초대했다. 그녀는 동네에서 가장 인기가 많은 소녀였다. 그래서 파인만 또래의 소년들은 모두 아를렌을 보기 위해 파티에 참석해 있었다. 파인만이 보기에도 그녀는 모든 면에서 최고였다.

파인만은 그날도 1인용 소파에 혼자 앉아 있었다. 그런데 혼자 있는 파인만을 발견한 아를렌이 그에게 다가왔다. 파인만은 가슴이 두근거리기 시작했다. 얼굴도 조금 붉어지는 느낌이었다. 아를렌은 파인만이 앉아 있는 소파의 팔걸이에 걸터앉으며 말을 건넸다.

"안녕, 리처드! 와 줘서 기뻐."

"그, 그래."

우물쭈물 대답하면서 파인만은 가슴이 환해졌다.

'아, 내가 좋아하는 아를렌이 내게 관심을 보이다니.'

파인만의 첫사랑은 이렇게 시작되었다. 그러나 그 사랑을 이루기 위해선 반드시 넘어야 할 벽이 버티고 있었다. 아를렌에게는 이미 다른 남자 친구가 있었던 것이다.

당시 파라커웨이에는 유대교 회당이 있었다. 그곳에는 유대인 아이들을 위한 청년센터가 있어서 문예반, 연극반, 과학반, 미술반 등 여러 가지 활동이 이루어졌다. 유대교의 장로들은 유대인 부모를 둔 아이들을 여러 가지 활동에 참여하도록 했다. 아이들이 길거리에서 나돌며 나쁜 짓을 배우지 않도록 하고, 유대인의 생활 방식을 자연스레 익히도록 하기 위해서였다.

파인만은 사실 과학반 이외에는 별로 관심이 없었다. 하지만 단지 아를렌이 미술반에 있다는 이유만으로 거기에 들기로 했다. 그 반에는 아를렌의 남자 친구 제롬도 있었다.

미술반에 들어서도 파인만은 아를렌에게 접근할 기회를 잡지 못했다. 아를렌과 제롬 주위를 맴돌며 먼발치에서 그녀를 바라만 볼 뿐이었다. 그러다 지친 파인만은 더 이상 청년센터에 나가지 않게 되었다. 그러던 어느 날, 누군가가 파인만을 청년센터의 회장으로 추천했다.

그러나 회당의 장로들은 파인만이 회장이 된다는 사실을 못마땅해했다. 파인만이 종교를 믿지 않는다는 사실이 알려져 있었기 때문이었다. 장로들의 염려 때문이었는지 파인만은 청년센터의 회장이 되지 못했다. 얼마 지나지 않아 센터가 문을 닫고 말았던 것이다. 만약 파인만이 회장으로 있을 때 센터가 문을 닫았다면, 그 책임은 회장인 파인만에게 돌아갔을지도 모른다. 그래서 파인만은 회장이 되기 전에 센터가 실패로 끝난 걸 다행스럽게 여겼다.

파인만은 청년센터의 회장이 되지 못해 차라리 마음이 편했다. 그러나 아블렌을 만날 수 없다는 게 아쉬웠다. 파인만은 그녀 곁에 제롬만 없다면, 하고 생각했다. 그러던 어느 날 파인만은 아블렌으로부터 희망적인 얘기를 들었다. 그녀가 파인만에게, 더 이상 제롬은 자기의 남자 친구가 아니라고 말해 준 것이다. 파인만은 가슴이 벅차오르는 걸 느꼈다. 이제야 아블렌에 대한 사랑을 키워 갈 수 있게 된 것이다.

아블렌은 나소 카운티에 있는 로렌스 고등학교의 신문 편집을 맡고 있었다. 빼어난 피아노 연주 솜씨를 지니고 있었고, 예술적인 재능이 뛰어난 소녀였다.

아블렌은 곧 파인만 가족들과도 친해지게 되었다. 그런 뒤로는 파인만의 아버지와 함께 숲으로 가 그림을 그리기도 했다. 파인만의 아버지도 나이가 들면서 그림을 그리기 시작했던 것이다. 이런 두 사람의 영향으로 파인만도 나중에 그림을 그리게 되었다.

그 뒤로 아블렌과 파인만은 아주 가까워졌고, 서로에게 많은 영향을 주고받았다. 아를렌의 가족들 모두 친절하고 예의 바른 사람들이었다.

아를렌은 파인만에게 다른 사람들의 감정을 소중하게 여겨야 한다고 말해 주었다. 파인만은 남들이 뭐라고 하든지 자기 생각을 굽히지 말아야 한다고 생각하는 편이었다. 그는 그런 생각을 아를렌에게 말했다.

"그래 아를렌, 네 말처럼 우리는 다른 사람의 감정을 존중해야 한다고 생각해. 그리고 다른 의견도 주의 깊게 듣고 신중하게 판단해야겠지. 하지만 다른 사람들의 생각이 잘못되었다고 여겨진다면, 거기에 무조건 따라서는 안 된다고 생각해. 그런 때는 남들이 뭐라고 하든 우리 생각대로 밀고 나가야겠지."

아를렌도 그 말에 고개를 끄덕였다. 두 사람은 서로 모든 걸 하나도 숨김없이 정직하게 얘기하기로 약속했다. 무슨 일이 있어도 솔직하게 모든 걸 털어놓기로 한 것이다. 그런 둘만의 약속을 통해 두 사람은 친구 이상으로 가까워졌다. 그리고 서로에게 깊은 사랑을 느끼게 되었다.

# 매사추세츠 공과대학에 입학하다

1935년에 고등학교를 졸업한 리처드 파인만은 이듬해에 매사추세츠 공과대학(MIT)에 입학하다. 파인민은 내심 컬럼비아 대학을 생각하고 있었다. 그러나 당시에는 유대인 입학생 수에 제한이 있어서 그 대학에는 들어가지 못했다. 그런 식으로 대학에 입학하는 유대인 학생 수를 제한함으로써 인종차별을 일삼았던 시대였다.

대학에 들어가서도 파인만의 재기 넘치는 행위는 여전했다. 그는 언제나 신선한 발상으로 잦은 소동을 일으키곤 했다.

그 대학에는 신입생을 자기들의 클럽에 끌어들이려는 사람들이 있었다. 파인만도 그 대학에 들어가기 전에 뉴욕의 유대인 클럽인 파이베타델타의 회합에 초대받은 적이 있었다. 당시에는 유대인이

거나 유대인 가정에서 자란 사람은 다른 클럽에 가입할 수조차 없
었다. 파인만은 그런 차별이 그저 우습게 여겨질 따름이었다.

　파인만은 다른 유대인들과 특별한 공감대를 형성하는 일에 별
로 관심이 없었다. 자기 속에 유대인의 피가 얼마나 섞여 있는
지 알고 싶어 하지도 않았다. 그러나 클럽의 회원들은 같은
유대인이라는 의식으로 강한 유대감을 형성하고
있었다. 그들은 파인만에게도 친절하게 대
하며 몇 가지 중요한 조언도 해 주었다.

　어쨌든 파인만은 파이베타델타

클럽의 회원이 되었다. 다른 유대인 클럽도 있었다. 다른 클럽의 회원들은 파인만을 자기들 클럽에 가입시키려고 경쟁을 벌였다. 하지만 파인만은 파이베타델타 클럽의 분위기가 마음에 들었다. 파이베타델타 클럽 회원들은 댄스파티를 하거나 자동차를 타고 돌아다니며 놀기 좋아하는 그룹과 오로지 공부에만 관심을 두고 있는 그룹으로 나뉘어져 있었다. 공부를 잘하는 회원들은 그렇지 못한 회원들이 높은 학점을 유지할 수 있도록 도왔고, 또 댄스파티에 자주 참석하며 여자들과 데이트를 즐기는 회원들은 그렇지 못한 회원들에게 그런 기회를 마련해 주었다. 수줍음이 많은 탓에 사교적이지 못했던 파인만에게 그 클럽의 특성은 도움이 되었다.

파인만은 편지를 부치러 갈 때조차 여자들이 계단에 앉아 있기라도 하면 그 앞을 자연스럽게 지나치지 못했다. 수줍음 때문이었다. 여학생들이 "쟤, 참 근사하게 생겼다."라고 말해도 파인만의 용기를 북돋아 주지는 못했다. 파인만은 클럽의 사교적인 회원들로부터 여자와 사귀는 요령을 배웠다.

그 무렵 파인만은 자주 드나들었던 식당에서 마음에 드는 종업원을 만났다. 그는 몇 번의 망설임 끝에 그 종업원에게 다음 날 있을 댄스파티에 같이 가자고 제안했다. 그녀도 흔쾌히 수락했다.

클럽으로 돌아가자 선배들이 댄스파티에 같이 갈 데이트 상대를 알아봐 주겠다고 했다. 그러나 파인만은 그럴 필요가 없다고 대답했다. 이미 식당 종업원과 약속이 되어 있었기 때문이다. 선배들은 상대가 누구냐고 물었다. 그래서 종업원과 약속한 사실을 얘기해 주었다. 그러자 선배들은 깜짝 놀라며 안 된다고 말하는 것이었다.

선배들은 식당 종업원과의 약속을 잘못한 일이라고 비판했다. 그건 격에 맞지 않는다는 지적이었다. 하지만 파인만은 대체 뭐가 잘못이고 왜 격에 맞지 않는다는 건지 모를 일이었다. 선배들은 무엇보다 자기와 맞는 상대를 골라 데이트를 해야 한다고 충고했다. 심지어 파인만에게 나쁜 길로 빠졌다고 손가락질하는 회원도 있었다. 그러나 파인만은 그들이 옳지 않다고 생각했다. 이건 유대인이라는 이유만으로 차별을 당하고 있는 그들이 오히려 역차별을 하고 있는 꼴이 아닌가! 그런데도 그들은 자기들의 주장이 무조건 정당하다고 여기는 듯했다. 자신들이 그런 식으로 차별을 행사하고 있다는 것조차 전혀 인식하지 못하는 듯했다.

선배들은 결국 자기들이 나서서 파인만의 약속을 취소시켰다. 직접 식당으로 가서 종업원을 만나 사정을 얘기했다는 것이었다. 그리고 파인만에게는 다른 상대를 구해 주었다. 남이 구해 준 상대와 데이트를 해야 한다는 게 별로 내키지 않았다. 답답하기 그지없는 노릇이었다. 하지만 당시의 클럽 분위기에서 선배들의 요구를 거부할 수는 없었다.

클럽의 신입 회원 골탕 먹이기가 본격적으로 시작되었다. 선배들은 신입 회원들의 눈을 가린 채 멀리 떨어진 시골로 데려가 꽁꽁 얼어붙은 호수에 버려두고 달아났다. 사람 한 명 보이지 않는 외진 곳이었다. 모두들 겁먹은 얼굴을 하고 있었다. 두려움 때문인지 대부분 말을 하지 못했다. 하지만 무슨 수를 쓰든 다시 클럽으로 돌아가야 하는 것이다.

그런데 신입 회원들 중에 모리스 마이어라는 친구가 있었다. 겁에 질려 있는 다른 친구들과 달리, 그는 유독 말이 많았다. 그는 시시한 말장난을 툭툭 던지며 태평스럽게 굴었다.

"야, 그렇게 걱정할 것 없어. 이건 그냥 장난일 뿐이라고."

하지만 다른 친구들은 그런 모리스 때문에 오히려 미칠 지경이었다. 모두 어디로 가야 할지 애를 태우고 있는데, 그만이 시시껄렁한 농담을 하며 장난을 치고 있었다. 일행은 곧 호수에서 얼마 떨어지지 않은 곳에서 갈림길을 만났다. 아직 사람이 살고 있을 만한 집들은 눈에 띄지 않았다. 일행은 어느 길로 가야 할지 몰라 망설이고 있었다. 의견은 오른쪽, 왼쪽으로 팽팽하게 갈렸다. 그때 잠자코 지켜보던 모리스가 불쑥 말했다.

"이쪽으로 가는 게 좋을걸?"

그러자 모두들 모리스를 비난했다.

"무슨 소릴 하는 거냐? 넌 여기까지 오는 동안 내내 헛소리만 지껄여 댔잖아? 대체 뭘 제대로 알고나 하는 소리야?"

모리스는 태연한 얼굴로 이유를 밝혔다.

"간단하지. 너희는 여기 전화선을 보고도 모르겠어? 전선이 많이 모여 있는 쪽으로 가면 전화국이 나올 거 아냐?"

모리스의 설명에 모두 할 말이 없었다. 파인만도 마찬가지였다. 어떤 것에도 주의를 기울이지 않고 있는 것 같아 보이던 모리스가 그런 대단한 발견을 해낼 줄이야……. 결국 모리스의 번뜩이는 기지로 무사히 마을을 찾을 수 있었다. 신입 회원 모두 모리스를 다시 생각하게 되었다.

그 후에도 선배들의 골탕 먹이기는 계속 이어졌다. 학교 전체 행사로 1학년과 2학년이 진흙탕에서 씨름과 줄다리기 시합을 벌이기 바로 전날이었다. 갑자기 들이닥친 2학년 선배들이 1학년 신입 회원들을 납치하듯 데려갔다. 신입생 팀의 체력을 소진시켜서 다음 날 시합에서 이기려는 수작이었다.

선배들은 납치한 신입생들의 두 손을 밧줄로 묶었다. 야만적인 행위였다. 그러나 파인만을 제외한 다른 후배들은 별 대항 없이 선배들의 뜻에 굴복하고 말았다. 파인만은 그럴 수 없었다. 무엇보다 클럽 사람들에게 자신이 약골로 비치는 걸 원하지 않았기 때문이다. 그래서 필사적으로 발버둥치며 항의했다. 그러자 선배 서너 명이 파인만에게 한꺼번에 들러붙었다. 그들은 여러 번 시도한 끝에 간신히 파인만을 묶을 수 있었다.

그들은 신입생들을 숲 속의 외딴집으로 데려가 마룻바닥에 그대로 묶어 놓았다. 신입 회원들은 어떻게든 탈출해 보려고 궁리해 봤지만, 선배들이 지키고 있어 뜻대로 되지 않았다.

그렇게 날이 밝았다. 그런데 알고 보니, 신입생들을 감시했던 2학년 선배들은 겨우 세 명뿐이었다. 묶인 채 겁에 질려 하룻밤을 지새야 했던 20명의 신입생 모두 허탈해할 수밖에 없었다. 선배들은 교묘하게 후배들을 속였다. 그들은 가끔씩 자동차를 몰고 들락날락하며 여러 사람이 지키고 있는 것처럼 위장했던 것이다.

결국 신입생 팀은 그날 시합에서 지고 말았다. 누가 뭐래도 부당한 승리였다. 그래도 그 일로 파인만은 나름대로의 성과를 얻었다. 그 뒤로 약골이라고 놀림을 받는 일이 사라졌기 때문이다.


리처드 파인만은 대학에서의 첫 번째 여름방학을 맞게 되었다. 그는 보스턴에서 일자리를 구했다. 그러자 아를렌도 보스턴에서 가까운 시추에이트 시(市)에서 어린아이들을 돌보는 일자리를 구했다. 파인만과 가까운 곳에 있기 위해서였다. 그러나 파인만의 아버지는 이 상황을 마땅찮아했다. 파인만이 아를렌과의 관계에만 치중한 나머지 학업에 소홀할까 봐 염려되었던 것이다. 아를렌은 결국 그 일을 그만두기로 했다. 그래서 방학 동안 두 사람은 몇 번밖에 만나지 못했다.

　　파인만과 아를렌은 대학 졸업과 동시에 결혼하기로 약속했다. 어느덧 두 사람이 처음 만나 사랑을 키워 온 지 7년째로 접어들고 있었다. 두 사람은 서로에게 잘 맞는 상대임을 확신했다. 막연하지만, 거부할 수 없는 운명으로 다가왔던 첫사랑이 마침내 결실을 맺을 것 같았다. 그러나 두 사람은 미래에 닥칠 일을 까맣게 모르고 있었다. 아를렌의 빼어난 아름다움과 둘의 애틋한 사랑을 시샘했던지, 불길한 운명의 그림자가 서서히 다가오고 있었던 것이다.

# 기발하고 깜찍한 장난

대학 3, 4학년 시절, 파인만은 보스턴의 한 레스토랑에 자주 가서 식사를 했다. 주로 혼자 갔는데, 이틀 연속으로 가는 경우도 많았다. 그러자 종업원들이 파인만을 알아보기 시작했다. 파인만이 갈 때마다 따로 시중을 들어 주는 종업원 슈라는 아가씨도 있었다.

종업원들은 언제나 분주히 오가며 일했다. 그것을 보자 파인만의 장난기가 발동했다. 어느 날 파인만은 슈에게 줄 팁을 직접 건네지 않고 교묘한 방법으로 남겨 두었다.

그 기발한 방법은 이랬다. 먼저 두 개의 컵에 물을 가득 따른 다음, 5센트 동전을 하나씩 빠뜨린다. 그 위에 빳빳한 종이를 덮고 뒤집어 식탁 위에 놓는다. 그런 다음 종이를 뺀다. 이렇게 하면 컵 테두리가 식탁에 달라붙어 공기가 컵 안으로 들어갈 수 없기 때문에 물이 새지 않았다.

파인만은 식사를 마치고 나오면서 슬쩍 말했다.

"슈, 조심해요. 아까 보니까 컵이 좀 이상하더라고. 위가 막혀 있고, 아래에 구멍이 나 있더라니까."

다음 날에도 파인만은 그 레스토랑에 갔다. 그런데 다른 종업원이 그를 맞았다. 슈는 파인만을 피하며 얼굴조차 마주치지 않으려 했다. 다른 종업원이 말했다.

"어쩌자고 그런 장난을 쳤어요? 슈가 단단히 화가 났어요. 컵 하나를 들다가 물을 쏟아 버렸잖아요. 그래서 지배인을 불렀어요. 둘이서 나머지 컵 하나를 어떻게 할지 몰라 궁리하다가 결국 그것도 들어 올리고 말았죠. 하루 종일 궁리만 하고 있을 순 없잖아요? 물이 또 쏟아져서 바닥이 온통 물바다가 되고 말았어요. 완전히 난장판이었죠. 슈는 물 때문에 미끄러지기까지 하고……. 아무튼 우리 모두 당신한테 화가 나 있으니 조심하세요. 그리고 다신 그런 짓 하지 마세요."

종업원의 말을 듣고 파인만은 껄껄 웃어 댔다.

"그렇게 웃을 일이 아니에요. 당신 같으면 어쩌겠어요?"

"나라면 다른 그릇을 식탁 끝에 대고, 컵을 조심스럽게 미끄러뜨려서 물을 그릇에 받았을 겁니다. 그럼 물이 바닥에 쏟아질 일이 없잖아요? 그런 다음에 동전을 건져 내면 되죠."

"아, 그런 방법이 있었네."

종업원이 손바닥을 치며 말했다. 종업원의 핀잔을 듣고도 파인만은 장난치기를 멈추지 않았다. 그날도 컵을 거꾸로 엎은 다음 그 안에 동전을 놓고 나왔다.

다음 날 저녁에 다시 그 레스토랑에 갔다. 어제 시중을 들어 준 종업원이 파인만을 맞으며 물었다.

"어제는 또 왜 컵을 엎어 놓고 갔어요?"

"흠, 내 생각으로는, 어제 내가 일러 준 방법대로 큰 그릇을……."

"물론 그렇게 했죠. 하지만 컵에 물은 없었어요."

파인만은 재미있다는 듯 껄껄 웃으며 말했다.

"당신들이 너무 바쁘게 움직이는 것 같아 장난을 좀 친 겁니다. 그렇게 바삐 일하다 보면 꼭 해야 될 일을 모르고 지나치는 수가 있지 않겠습니까?"


파인만의 짓궂은 장난은 클럽에서도 이어졌다. 어느 날 파인만은 평소보다 일찍 잠자리에서 일어나게 되었다. 시계를 보니 새벽 다섯 시였다. 다시 잠이 올 것 같지 않아 아래층으로 내려갔다. 그러자 표시판에 적힌 문구가 눈에 띄었다. '문! 문! 누가 문을 떼어 갔나?'라고 적혀 있었다. 살펴보니 누군가가 문짝을 떼어 가 버렸고, 그 자리에 '문 좀 닫아 주시오.'라고 적힌 표시판을 붙여 놓았다.

파인만은 어떻게 된 일인지 대충 상황을 짐작할 수 있었다. 그 방은 피트 버니를 비롯한 몇몇 친구들이 쓰고 있었다. 그들은 항상 공부에 열중했으며 누구든 조용히 해 주기를 바랐다. 다른 방 친구가 물건을 빌리러 오거나 모르는 문제를 물어보기 위해 들르게 되면, 나갈 때마다 "문 좀 닫아 주세요!"라는 말을 들어야 했다. 거기에 짜증이 난 한 친구가 두 개의 문짝 중 하나를 떼어 가 버린 것이었다. 유난을 떨어 대는 친구를 골탕 먹이기 위해 벌인 짓궂은 장난질이었다. 하지만 단순한 장난으로 받아넘기기에는 좀 심한 행위였다. 누군지 발각되면 엄청난 비난을 감수해야 할 터였다. 그런데도 그 일을 벌인 범인들은 너무 많은 단서를 남겨 둔 상태였다. 파인만이 보기에는 범인이 누군지 금방 밝혀질 것 같았다.

장난기가 발동한 파인만도 기꺼이 동참하기로 했다. 파인만은 남은 문짝 하나를 떼어 계단 아래 지하실에 있는 기름 탱크 뒤에 감춰 두었다. 절대 범인으로 지목되지 않을 묘안이 떠오른 것이다. 문을 옮기던 중에 손에 가벼운 상처를 입었다.

예상대로 아침에 큰 소란이 벌어졌다. 사람들이 웅성대고 있었다. 문짝이 사라져 버린 방에서 생활해야 될 친구들은 잔뜩 화가 나 있었다. 그중 한 사람이 파인만을 보자 다짜고짜로 물었다.

"야, 리처드! 네가 문을 뜯어 간 거냐?"

FUEL OIL

파인만은 선뜻 그렇다고 대답했다.

"응, 그래. 내가 그랬어. 이 상처를 좀 보라구. 문을 지하실로 옮기다가 벽에 긁혀 생긴 상처야."

그런데도 그들은 파인만의 말을 믿으려 하지 않았다. 파인만이 농담을 하고 있다고 생각한 모양이었다. 예상했던 대로, 첫 번째 문을 뜯어 간 범인들은 표시판의 필체 때문에 누군지 금방 밝혀지고 말았다. 하지만 아직 찾아내지 못한 두 번째 문이 문제였다.

모두들 첫 번째 문을 뜯어 간 친구들이 그랬을 거라고 믿고 있었다. 문을 뜯어 간 친구들이 아무리 모른다고 말해도 듣지 않았다. 피트 버니 일당은 문을 훔친 친구들에게 손찌검을 하면서까지 다른 문이 어디에 있는지 알아내려 했다. 범인들이 다른 쪽 문은 자기네들이 훔치지 않았다고 아무리 사정해도 소용없었다.

그런 얘기들을 전해 들으면서 파인만은 속으로 내심 즐거워했다. 모든 일이 그가 예상했던 대로 진행되고 있었다.

일주일이 지나도록 나머지 문은 발견되지 않았다. 이 문제를 해결하기 위해 클럽의 회장이 나섰다. 회장은 저녁 식사 후에 회원들에게 말했다.

"우리는 나머지 문짝을 찾아야 합니다. 나 혼자서 이 문제를 해결할 수는 없습니다. 여러분이 해결 방안을 말해 주셨으면 합니다. 피트 버니와 그 친구들이 문이 없어서 공부에 많은 지장을 받고 있습니다.”

몇몇 친구들이 의견을 말했다. 하지만 그런 방법으로 과연 나머지 문을 찾을 수 있을지 의문이었다. 급기야 파인만이 나섰다. 그는 빈정거리는 투로 문을 훔쳐 간 범인을 향해 말하듯 입을 열었다.

“좋습니다. 문짝을 훔친 사람이 누군지 모르겠지만, 당신은 정말 훌륭합니다. 당신은 정말 영리한 사람이에요. 그리고 대단한 재주꾼임에 분명합니다. 당신이 누군지 우리에게 밝히지 않아도 좋습니다. 우리는 단지 문짝이 어디 있는지만 알면 됩니다. 당신이 어디에든 메모를 남겨 그 문이 있는 곳을 알려 주기만 하면 됩니다. 제발 그것만 알려 주세요. 그러면 우리는 두고두고 당신에게 감사드릴 겁니다.”

파인만이 말을 마치자, 다음 사람이 일어났다.

“이렇게 해 봅시다. 회장께서 우리 클럽의 명예를 걸고 모든 사람들에게 물어보는 게 어떻겠습니까? 문을 훔쳐 갔는지 말예요.”

“그거 좋은 생각이군. 좋습니다. 우리 클럽의 명예를 걸고 여러분에게 묻겠습니다.”

회장은 식탁을 돌며 한 사람씩 차례로 묻기 시작했다.

“자, 클럽 회원으로서의 명예를 걸고 대답해라. 잭, 네가 문을 훔쳐 갔나?”

“전 아닙니다.”

"그럼, 팀 너냐?"

"아닙니다."

"모리스 너냐?"

"절대 아닙니다."

드디어 파인만 차례가 돌아왔다.

"리처드, 네가 가져간 거냐?"

"예, 바로 접니다, 회장님!"

파인만은 솔직하게 털어놓았다. 그러나 회장은 믿을 수 없다는 표정을 지었다.

"농담하지 마, 리처드. 이건 정말 심각한 일이야."

회장은 다음 회원에게 계속 같은 질문을 던졌다.

"샘, 너냐?"

"아닙니다, 회장님!"

결국 파인만을 제외한 모든 회원들 입에서 '아니다'라는 대답만 돌아왔다. 사실 파인만은 정직하게 자기가 벌인 짓에 대해 밝힌 셈이었다. 하지만 모든 사람들이 그 말을 들어 주려 하지 않았다. 그래 놓고도 범인을 찾아내지 못한 것에 다들 충격을 받은 듯했다. 클럽의 명예 따위는 가볍게 무시해 버리는 쥐새끼 같은 자가 있다며 웅성거리는 소리가 들렸다.

그날 밤 파인만은 기름 탱크 뒤에 문짝이 숨겨져 있다는 정보를

담은 그림을 남겨 두었다. 회원들은 다음 날 아침에서야 문을 찾아 냈고, 비로소 제자리에 달아 놓을 수 있었다.

나중에 파인만은 그런 사실을 다시 한 번 밝혔다. 그러자 그때서야 회원들은 파인만이 거짓말을 했다고 비난을 퍼부었다. 그들은 파인만이 그 일에 대해 솔직하게 밝혔다는 걸 기억하지 못했다. 하지만 파인만은 거짓말을 한 적이 없다고 생각했다. 단지 사람들이 믿으려 하지 않았을 뿐이었다. 대부분의 사람들은 진실을 말해도, 그걸 진실로 받아들이지 않고 자기 식대로 판단해 버리는 습성이 있다. 파인만은 그러한 습성을 이용해 한바탕 유쾌한 장난을 벌인 셈이었다.

그러나 사실 파인만의 이런 행위를 바람직하다고 말할 순 없을 것이다. 가벼운 장난처럼 시작했지만, 많은 사람들에게 피해를 입힌 행위였다. 먼저 그 일로 오해를 받아 억울하게 얻어맞기까지 한 첫 번째 문의 범인들이 있다. 또 문도 없는 방에서 일주일 이상 지내야 했던 동료들의 어려움도 상당했을 것이다. 그런데도 파인만은 그런 과정을 지켜보며 내심 즐거워했다. 자기 때문에 어려움을 겪고 있는 동료들을 보면서도 빨리 잘못을 바로잡으려 하지 않았다. 그리고 보면 파인만은 주변 사람들에게 세심한 배려를 베풀 만한 아량은 갖추지 못했던 것 같다.

어떤 위대한 인물이라도 완벽할 수는 없을 것이다. 리처드 파인만 역시 마찬가지다. 위에서 소개한 일화로 짐작해 보면, 파인만은 자기중심적인 성향이 강했던 인물로 보인다. 또 천재적인 인물이나 자기 세계에 깊이 몰입해 있는 사람들이 흔히 보이는 이기심도 엿보이곤 했다.

## 미국의 유대인 차별

파인만은 원래 컬럼비아 대학에 진학하고 싶어 했다. 그러나 유대인 입학생 수 제한에 걸리는 바람에 매사추세츠 공과대학에 갈 수밖에 없었다. 이는 엄연한 유대인 차별 정책으로, 미국 사회에서도 유대인에 대한 차별이 공공연하게 벌어졌다는 것을 말해 준다.

러시아 알렉산더 2세가 유대인 무정부주의자에게 암살되었다는 이유로 러시아에서는 유대인 추방령이 내려지기도 했다. 이로 인해 1920년까지 250만 명의 유대인이 미국으로 유입되면서 미국 내에서도 유대인에 대한 박해가 시작되었다. 1920년대에는 인종주의 단체인 KKK가 기승을 부렸는데 이들은 흑인은 물론 유대인에게도 테러를 감행했다. 1924년에는 유대인들의 미국 유입을 막기 위해 이민 쿼터제를 시행하기도 했다. 하버드를 비롯한 다수의 대학들이 유대인 입학생 수에 제한을 둔 것도 바로 이런 사회적 분위기 속에서 행해진 일이었다.

유대인에 대한 박해가 수그러든 것은 루스벨트 정부가 다문화주의를 내세우면서부터이다. 미국 내의 유대인들이 평등한 삶을 누릴 수 있게 된 것은 히틀러의 유대인 말살 정책이 벌어지기 시작한 뒤였다. 히틀러의 인종주의가 저지른 악행을 목도하게 되면서 미국 내에서 인종적 편견에 대한 자성의 목소리가 터져 나오기 시작한 것이다.

# 순수한 열정을 불태우다

# 프린스턴 대학원 입학

아버지의 영향 때문인지, 파인만은 고등학교에 다닐 때부터 음악이나 시(詩)에 관심이 없었다. 그런 예술 분야를 접하게 되면 자신이 너무 섬세해지지나 않을까 하고 경계했다. 진짜 남자라면 그런 것들에 관심을 갖지 않을 거라고 여겼다. 시란 무엇이며 어떻게 쓰는지 따위에는 관심이 없었다. 그래서 문학을 전공하거나, 음악이나 시에 빠져 있는 친구들을 이해하지 못했다. 그는 차라리 철공소 노동자나 용접을 하는 사람, 기계를 다루는 사람들을 존경했다. 그런 생각은 파인만이 프린스턴 대학원에 다닐 때까지 이어졌다.

대학 시절에도 오로지 과학에만 흥미가 있었다. 다른 과목은 사실 별로 잘하지 못했다. 그는 매사추세츠 공과대학을 사랑했으며,

그곳에서 많은 것을 배웠다. 그 대학은 미국 과학 기술 발전의 중심지로 유명한 학교였다. 학교에 다니는 학생들 모두 거기에 대한 자부심이 대단했다.

파인만이 대학을 졸업한 1939년 무렵, 유럽에서는 제2차 세계대전이 치열하게 전개되고 있었다. 미국은 참전을 앞두고 애국심을 고취하는 운동을 대대적으로 벌였다. 파인만도 국가를 위해 무슨 일이든 하기로 결심했다. 파인만은 대학 시절의 클럽 친구인 모리스 마이어와 함께 뉴욕 통신대의 장교를 만나러 갔다. 당시 모리스는 육군 통신대에서 근무하고 있었다. 파인만은 대령 계급장을 달고 있는 장교에게 통신대에서 일하고 싶다는 뜻을 밝혔다.

"저도 국가를 위해 일하고 싶습니다."

그러나 대령은 먼저 군사훈련부터 받고 오라고 말했다.

"제 능력을 직접적으로 사용할 수 있는 방법은 없습니까?"

"없네. 이런 게 군대의 방식이라네. 그러니 가서 정규 과정을 밟도록 하게."

파인만은 공원 벤치에 앉아 한참 동안 생각에 잠겼다. 대령의 지시대로 군사훈련을 받으러 가야 할 것 같았다. 하지만 더 깊이 생각을 해 보기로 했다. 그러자 좀 더 기다리는 게 좋겠다는 판단이 섰다. 기다리다 보면 자기 능력을 효율적으로 발휘하며 국가에 공헌할 수 있는 길이 열릴 거라는 확신이 들었던 것이다.

　그래서 파인만은 대학원에 진학하기로 마음먹었다. 매사추세츠 공과대학에 애정을 갖고 있었던 파인만은 대학원도 거기서 다니고 싶었다. 그래서 지도교수인 슬레이터를 찾아갔다. 그러나 슬레이터 교수는 다른 대학원을 추천했다.

　"대학원은 다른 곳으로 가는 게 좋겠네."

　"교수님, 저는 이곳이 좋습니다."

　"자넨 무슨 이유로 이 대학원으로 오려고 하나?"

　"우리 대학이 미국의 과학 분야에서는 최고 아닙니까?"

　"바로 그 점 때문에 나는 자네가 다른 학교로 진학했으면 한다네. 자넨 세상의 다른 부분도 봐 둘 필요가 있으니까 말일세."

　파인만은 슬레이터 교수의 조언에 따라 프린스턴 대학원에 진학하기로 했다. 프린스턴은 어떤 면에서 영국 대학을 모방한 곳이었다. 그래서 격식 같은 걸 거부하는 파인만이 적응하기 어려운 곳일 수도 있었다. 그 점을 우려한 클럽 친구들이 이런저런 충고를 해 주었다. 파인만은 대학원에 진학해서는 될 수 있으면 점잖게 생활해야겠다고 다짐했다.

　프린스턴 대학원에서 파인만이 제일 먼저 하고 싶었던 것은 사이클로트론(자기장을 이용해 대전된 입자를 가속하는 장치)을 보는 것이었다. 파인만은 대학에 다닐 때 새로 만든 사이클로트론을 본 적이 있었다. 방 하나 가득 들어찬 그 기계를 파인만은 '금박을 입힌 사이클로트론'이라고 불렀다. 그때 파인만은 사이클로트론 실험에 관한 많은 논문도 찾아 읽었다. 매사추세츠 공과대학에서 나온 논문은 얼마 되지 않았고, 프린스턴 대학에서 나온 논문이 가장 많았다. 그래서 한 번쯤 프린스턴 대학의 사이클로트론을 보고 싶었다.

파인만은 물리학과 건물로 가서 사이클로트론이 어디 있는지 물었다.

"아래층으로 내려가서, 건물 맨 끝에 있습니다."

아래층으로 내려가 문을 열었을 때 파인만은 프린스턴이야말로 자기가 다니기에 딱 좋은 학교라는 걸 알아차렸다. 그 방에는 전선들이 사방에 널려 있었다. 스위치는 전선에 매달린 채 달랑거렸고 밸브에서는 냉각수가 빗물처럼 뚝뚝 듣고 있었다. 여기저기 널려 있는 탁자에는 공구가 수북이 쌓여 있었다. 완전히 개방된 구조였다. 파인만은 그 점이 마음에 들었다. 어딘지 자신의 집에 꾸며 놓은 실험실을 연상시키는 데가 있었기 때문이다.

# 아인슈타인 앞에서

대학원에서 파인만은 존 휠러 교수의 연구 조교로 일했다. 휠러 교수는 파인만에게 연구 과제를 주었다. 파인만은 열심히 연구를 거듭했지만 과제는 쉽사리 풀리지 않았다. 파인만은 휠러 교수와 토론하며 전기역학의 양자론(하전입자와 전자기장과의 상호 작용에 대한 양자 이론)에 대한 고전 이론을 세우기 위해 고심했다. 휠러 교수가 말했다.

"리처드, 자넨 아직 젊네. 그러니 자네가 이 이론으로 세미나를 한번 해 보게. 자네는 세미나 경험이 필요하네."

그래서 파인만의 첫 번째 전공 세미나 일정이 잡혔다. 세미나를 며칠 앞두고 파인만은 위그너 교수를 만났다.

"리처드, 자네가 휠러 교수와 같이 진행하고 있는 연구는 정말 흥미롭더군. 그래서 자네 세미나에 러셀 교수를 초대했다네."

위그너 교수의 말에 파인만은 깜짝 놀랐다. 러셀 교수라면 당대의 위대한 천문학자가 아닌가? 그런데 참석하기로 한 교수가 러셀 교수뿐만이 아니었다. 위그너 교수의 말이 계속 이어졌다.

"폰 노이만 교수도 참석할 거라네."

폰 노이만은 위대한 수학자로 명성이 자자한 교수였다.

"그리고 파울리 교수도 스위스에서 우연히 미국에 오시기로 했는데, 그분도 초대했다네."

파인만은 자못 긴장하지 않을 수 없었다. 한 사람이 더 있었다. 위그너 교수가 다시 입을 열었다.

"아인슈타인 교수님도 오실 예정인데, 그분은 주례 세미나에 자주 오시진 않네만, 자네 연구는 워낙 흥밋거리여서 특별히 초대하기로 했다네."

아인슈타인이 오게 될 거라는 말을 듣는 순간 파인만은 숨이 멎을 것만 같았다. 지나치게 긴장한 탓이었다.

'아인슈타인이라면 최고의 천재 물리학자로 불리는 위대한 학자가 아닌가! 그런 분 앞에서 내가 잘할 수 있을까?'

파인만은 휠러 교수를 찾아가 자신의 심정을 밝혔다.

"교수님, 불안해 미칠 지경입니다."

"괜찮다네. 너무 걱정 말게. 그분들이 질문을 하면 내가 대신 대답하겠네."

휠러 교수를 믿고 파인만은 세미나 준비를 충실히 했다. 마침내 세미나를 하기로 한 날이 닥쳤다. 파인만은 세미나실에 들어가 칠판에 방정식을 써 나갔다. 그때 아인슈타인 교수가 들어서며 쾌활한 목소리로 말했다.

"안녕하신가? 자네 세미나를 들으러 왔다네. 그런데 마실 차는 어디에 준비해 뒀나?"

파인만은 아인슈타인에게 차를 준비해 둔 곳을 알려 주고 계속 방정식을 써 내려갔다. 이미 세미나에 참석하기로 한 사람들이 줄지어 앉아 기다리고 있었다. 모두 파인만이 마음속으로 존경해 온 학자들이었다. 준비해 온 발표 자료를 꺼내는 파인만의 두 손이 눈에 띄게 떨리고 있었다. 파인만은 오직 물리학에 대해서만 생각하기로 했다. 발표에만 집중하자고 마음을 다잡았다. 그러자 기적 같은 일이 벌어졌다. 발표를 시작하면서부터 세미나실에 누가 있는지조차 잊어버린 듯 말이 술술 풀려나오기 시작한 것이다.

파인만은 무사히 발표를 마쳤다. 그리고 질문이 이어졌다. 먼저 아인슈타인 옆에 앉아 있던 파울리 교수가 말을 꺼냈다.

"자네 이론엔 문제가 있는 것 같군."

파울리는 아인슈타인을 바라보며 물었다.

"그렇지 않습니까, 교수님?"

아인슈타인은 단호한 목소리로 대답했다.

"아니오. 다만 여기에 대응할 만한 중력이론을 만들려면 상당히 어렵겠다는 생각은 드는군요."

중력이론이라면 아인슈타인 자신이 세운 일반 상대성이론(아인슈타인이 상대성 원리를 도입하여 전개한 시·공간 및 중력의 상대론적 이론)을 말하는 것이었다. 아인슈타인은 계속 말을 이었다.

"현재로는 실험적인 증거가 그리 많지 않기 때문에, 나로서는 올바른 중력이론이 어떤 것인지 아직 확신이 서지 않습니다."

아인슈타인은 자신의 위대한 업적인 상대성이론이 정확하지 않을 수도 있다는 점을 인정했다. 그는 다

른 학자들의 이론이나 생각에도 귀를 열어 두고 있었다. 아인슈타인은 과연 위대한 학자였다. 그는 자기 이론의 우수성만을 고집하지 않고 다른 학자들과의 학문적인 교류를 통해 다양한 관점에서 사물을 바라보고 있었다.

파인만은 몇 년 뒤에 파울리 교수가 지적한 내용을 새겨듣지 않은 것을 후회하게 된다. 자신의 이론을 양자론(양자역학을 기초로 하여 물리현상을 밝히고자 하는 이론)에 적용하게 되면 그리 만족스럽지 못한 결과가 나온다는 걸 뒤늦게 깨닫게 된 것이다. 그때 파울리 교수는 그런 문제점을 미리 알아챘을 것이다. 파인만은 그가 그 사실을 일깨워 주려 했을지도 모른다는 생각이 들었다. 파인만은 결국 그 문제를 해결하지 못하고, 몇 년 동안이나 거기에 매달려야 했다.

# 어긋난 결혼 계획

대학원에 진학해서도 파인만은 방학 때마다 아를렌을 만나러 집으로 가곤 했다. 그런데 아를렌의 몸에 이상이 생겼다. 목 한쪽에 작은 멍울이 돋아나더니 점점 상태가 악화되어 갔다. 급기야 몸에서 열이 나기 시작했다. 열이 점점 심해지자, 주치의는 장티푸스 같다며 큰 병원에 입원하라고 권했다. 파인만은 어쩐지 불길한 예감이 들었다.

파인만이 병문안을 갔을 때, 아를렌은 격리 병동에 수용되어 있었다. 파인만은 의사를 찾아가 검사 결과부터 알아보았다. 의사들은 아직 정확한 병명을 알아내지 못한 눈치였다. 다만 아를렌이 호지킨병(임파선암의 일종)이라는 악성 종양에 걸렸을지 모른다는 추측만 하고 있었다. 온갖 검사와 토론을 거친 뒤에 의사들은 결국 호지킨병이라고 결론 내렸다. 당시만 해도 불치병이라고 알려진 병이었다. 담당 의사가 말했다.

"한동안 좋아지는 듯하다가 갑자기 악화되는 수가 있습니다. 좋아졌다 나빠졌다 하면서 점점 상황이 나빠지는 거죠. 아직 치료 방법은 없고, 몇 년 후가 고비가 될 겁니다."

파인만은 의사의 말을 아를렌에게 전하겠다고 말했다. 그러자 의사가 말렸다.

"안 됩니다. 환자가 충격을 받을 수 있으니까요. 환자한테는 그냥 단순한 임파선 열이라고 해 둡시다."

그러나 파인만은 그럴 수 없다고 버텼다. 주위 사람들 모두 그런 파인만을 나무랐다. 아를렌의 부모도 그 사실이 딸에게 알려지는 걸 원하지 않았다. 하지만 파인만은 아를렌과 했던 약속을 저버릴 수 없었다. 파인만이 난감해하며 말했다.

"아를렌과 저는 서로 약속을 했습니다. 언제나 서로에게 정직할 것이며, 무슨 일이든 솔직하게 얘기하기로 맹세했지요. 그런데 어떻게 제가 아를렌한테 거짓말을 할 수 있겠습니까? 그녀가 무슨 병이냐고 묻는다면, 저는 도저히 거짓말을 할 수 없을 겁니다."

그 말을 듣고 있던 모든 사람들이 파인만을 설득하려 했다. 하지만 파인만은 자신이 옳다고 믿었다. 모든 걸 사실대로 얘기해 주는 것만이 문제를 올바르게 풀어 가는 유일한 방법이라고 생각했다. 파인만은 끝까지 자신의 뜻을 굽히지 않을 작정이었다. 그때 여동생 조운이 파인만의 가슴을 툭툭 치며 울먹거렸다.

"이 고집쟁이 오빠야! 어떻게 그 착한 언니한테 그런 지독한 말을 할 수가 있어?"

조운의 울음 섞인 말에 리처드는 더 이상 버티지 못하고 뜻을 꺾고 말았다. 리처드는 아를렌에게 그 말을 전하기 전에 작별의 편지를 먼저 쓰기로 했다. 언제든 아를렌에게 거짓말을 한 게 밝혀지게 되면 그녀와의 관계도 끝장이라는 생각에서였다. 그 편지는 모든 사실이 밝혀지면 전해 줄 작정이었다. 이처럼 리처드 파인만은 일상 속에서도 진실을 추구하는 자세를 유지하려 노력했다.

자신의 부모가 지켜보는 자리에서 아를렌이 물었다.

"리처드, 솔직히 말해 줘. 전에 나와 한 약속 알지? 서로에게 솔직하기로 했던 약속 말이야."

"그, 그럼, 알지 물론……."

"자, 그럼 말해 봐. 엄마 아빠 말씀으론, 내가 임파선 열에 걸린 거라는데, 그 말을 믿어야 할지 모르겠어. 내가 걸린 병이 호지킨 병이야, 임파선 열이야?"

"어, 임파선 열이래."

파인만은 고개를 제대로 들 수가 없었다. 아를렌의 얼굴을 바라보기가 괴로울 지경이었다. 아를렌은 파인만의 말을 조금도 의심하지 않고 받아들였다. 그게 오히려 파인만을 더 괴롭게 했다.

담당 의사의 말대로 아를렌은 병세가 조금 좋아지는 듯했다. 그녀는 일단 퇴원해서 집에서 몸을 추스르기로 했다. 그 뒤로 일주일쯤 지났을 때 아를렌이 전화를 해 왔다. 얘기할 게 있으니 집으로 좀 와 달라는 것이었다. 뭔가 낌새를 알아차린 파인만은 전에 써 둔 편지를 호주머니에 넣고 그녀의 집으로 향했다. 2층에 있는 아를렌의 방으로 들어서자마자 그녀가 냉큼 물었다.

"다시 말해 봐. 내 병이 임파선 열이야, 호지킨병이야?"

파인만은 다시 거짓말을 할 수 없었다. 그녀도 이미 모든 사실을 알아차린 것 같았다. 파인만은 주머니 속의 편지를 만지작거리며 말했다.

"호지킨병이야."

그러자 아를렌은 전혀 뜻밖의 반응을 보였다.

"이런! 우리 부모님이 어떻게 하셨길래 나한테 거짓말을 다 했을까? 그동안 얼마나 괴로웠어?"

아를렌은 오히려 파인만의 심정을 헤아려 주었다. 그녀의 마음 씀씀이에 파인만은 부끄러움을 느꼈다. 그는 주머니에서 편지를 꺼내 보여 주었다. 아를렌이 편지를 읽어 내려가며 말했다.

"역시, 난 리처드 네가 우리의 맹세를 어기진 않았다고 생각해."

“미안해, 아를렌. 나도 얼마나 괴로웠는지 몰라.”

“이해할게. 하지만 앞으론 절대 그러지 말자.”

파인만의 예상대로 아를렌은 모든 상황을 담담하게 받아들였다. 한참 동안 무언가를 곰곰이 생각하던 그녀가 마침내 입을 열었다.

“좋아. 그렇단 말이지. 그럼 나는 앞으로 2년 정도밖에 살지 못하겠지? 리처드, 우리 이 기간 동안 뭘 하며 지낼까?”

두 사람은 그날 오후 내내 결혼 계획을 세웠다. 오래도록 가꿔 온 둘만의 성스러운 약속과 사랑을 완성시키기로 결심한 것이다. 그러나 두 사람은 아직 결혼할 준비가 되어 있지 않았다. 파인만은 당시 장학금을 받으며 공부하고 있었다. 그러나 학교 규정상 결혼을 하게 되면 장학금을 받을 수 없도록 되어 있었다. 그 점이 문제였다. 그래서 파인만은 회사의 연구소에 들어가 일을 하기로 결심했다. 그렇게 되면 작은 아파트를 구해 같이 살면서 몇 달 후에 결혼할 수 있을 것 같았다. 두 사람은 계획대로 진행하기로 서로의 마음을 모았다. 그런데 전혀 생각지도 않았던 일이 벌어졌다.

아를렌의 목에 생긴 혹의 조직 검사를 해 본 결과, 호지킨병이 아니라는 진단이 나온 것이다.

파인만이 연락을 받고 달려가 진단보고서를 살펴보니 임파선 결핵이라고 나와 있었다. 그걸 보고 파인만은 단단히 화가 났다. 그가 의학서적을 훑어본 바에 따르면, 임파선 결핵은 가장 흔한 경우라

쉽게 진단할 수 있는 병이었다. 그래서 이미 의사들이 확인했을 것으로 생각하고, 그 병에 걸렸을 거라는 가능성은 미리부터 접어놓고 있었던 것이다.

아를렌은 갑자기 뒤바뀐 상황에서도 차분하게 대처하고 있었다. 그녀가 담담한 목소리로 말했다.

"그렇게 화만 내지 말고 내 말 좀 들어 봐, 리처드. 그럼 내가 앞으로 한 7년쯤 더 살 수 있단 얘기네? 어쩌면 나을지도 모르겠고 말이야. 그런데 그게 잘된 일일까?"

"그게 무슨 말이야?"

"그렇게 되면, 우리가 서둘러 결혼할 필요가 없잖아. 그러니까 내 말은, 결혼하려면 좀 더 기다려야 된단 말이야. 안 그래?"

앞으로 수명이 2년 정도 남았을 거라 예상하고 결혼 계획을 다 세워놨는데, 갑자기 그보다 수명이 길어질 거라는 진단에 혼란이 생긴 모양이었다. 파인만은 오히려 그게 더 잘된 일이라는 걸 차분하게 설득했다. 그 후로 두 사람은 아무리 어려운 상황에 처한다 해도 얼마든지 둘이서 함께 해결할 수 있을 거라는 자신감을 얻었다. 그 일을 계기로 둘의 사랑은 더욱 깊어졌고, 그만큼 절실해졌다.

# 히틀러가 먼저 원자폭탄을 만든다면

파인만이 박사 학위 논문을 준비하고 있을 때였다. 그는 연구실에서 논문 준비에 몰두하고 있었다. 그때 선배 밥 윌슨이 파인만을 찾아왔다. 그가 은밀한 목소리로 말했다.

"이건 아무에게도 말하면 안 되는 비밀인데 말이야. 너한테만 특별히 말하는 이유는, 내가 지금 무슨 일을 하고 있는지 알게 되면 너도 그 일을 하고 싶어 할 게 분명하기 때문이지."

밥은 비밀스러운 연구를 진행하며 연구비를 받고 있다고 말했다. 파인만은 대체 그게 어떤 연구냐고 물었다. 그러자 밥은 진행 중인 연구에 대해 설명을 늘어놓았다. 그가 들려준 내용은 우라늄 동위원소(천연으로 존재하는 방사성원소 계열의 하나. 악티늄 계열이라고도 한다)를 분리하는 문제에 대해서였다. 그건 곧 원자폭탄을 개발하는 연구였다.

밥은 3시에 연구자들 모임이 있다며 파인만에게 같이 가자고 제안했다. 그러나 파인만은 그런 일에는 절대 참여하고 싶지 않았다. 밥은 그래도 괜찮다며 일단 모임에나 참석해 보라고 설득했다.

"아뇨, 저는 그런 일은 하고 싶지 않아요. 하지만 걱정하진 마세요. 방금 선배한테 들은 얘기는 아무한테도 말하지 않을 테니까요."

밥과 헤어진 후 파인만은 다시 논문에 몰입했다. 그러나 어쩐지 집중이 되지 않았다. 그는 연구실을 서성거리며 생각에 잠겼다.

당시는 제2차 세계대전이 지구촌을 전쟁의 암흑으로 몰아가고 있던 때였다. 제2차 세계대전을 감행한 독일의 히틀러는 인종주의를 내세워 게르만 민족과 혈통이 다른 사람들을 처형해 나갔다. 히틀러는 북유럽인을 포함해 아리안 혈통을 이어받은 사람들만이 완전한 인간이라고 믿었다. 그래서 다른 민족은 지상에서 사라져야 한다고 국민들을 설득했다. 히틀러는 집권 기간 동안 800만여 명에 이르는 사람들을 처형했다. 그중 600만여 명이 유대인이었다. 유대인 처형이 극에 달했던 1942년 무렵에는 아우슈비츠 수용소의 가스실에서 매일 2만여 명이 죽어 나갔다.

이러한 히틀러의 만행을 피해 독일의 많은 유대인 과학자들이 다른 나라로 망명을 했다. 상대성이론으로 인류 역사에 위대한 업

적을 남긴 아인슈타인조차도 예외가 아니었다. 아인슈타인도 유대인이라는 이유만으로 생명에 위협을 느꼈다. 히틀러의 파시스트당(나치스)은 아인슈타인의 상대성이론을 두고 '전 세계적인 유대인 사기극'이라고 비아냥거렸다. 결국 아인슈타인도 독일을 떠나 미국 시민이 되어야 했다.

미국에서는 히틀러의 광기를 잠재우기 위해 '맨해튼 프로젝트'라는 원자폭탄 개발 계획을 진행해 나갔다. 이 계획은 아인슈타인이 미국의 루스벨트 대통령을 설득해 수립하게 된 것이었다. 전쟁에 미쳐 있는 히틀러를 피해 망명해 온 많은 유대인 학자들이 맨해튼 프로젝트에 참여했다.

따라서 파인만이 원자폭탄 개발 계획에 참가하게 된 데에는 그가 유대인이라는 사실도 어느 정도 작용했을 것이다. 미국에서 나고 자라긴 했지만, 파인만도 엄연히 유대인의 가정에서 태어나 유대 민족의 생활관습 속에서 어린 시절을 보낸 사람이었다. 또 미국 내에서 알게 모르게 자행되는 인종차별에 대해서도 어느 정도 피해 의식을 지니고 있었을 것이다.

파인만은 연구실에서 서성거리다가 문득 이런 생각을 하게 되었다. '만약 독일의 히틀러가 우리보다 먼저 원자폭탄을 개발하게 된다면……?' 갑자기 끔찍한 느낌이 온몸을 사로잡았다. 그는 결국 3시 모임에 참석하기로 결심했다.

그렇게 해서 파인만도 맨해튼 프로젝트에 참여하게 되었다. 파
인만은 모임에 참석한 날부터 바로 책상 하나를 차지하고 앉아 새
로운 연구 과제에 몰입했다.

## 원자폭탄의 개발과 맨해튼 프로젝트

파인만이 참여했던 맨해튼 프로젝트는 1942년 9월에 시작되었다. 이는 제2차 세계대전의 시대적 상황 속에서 추진된 것으로, 처음부터 엄청난 야심을 품고 시작한 것은 아니었다.

1938년에 독일이 우라늄 연쇄 반응에 성공한 이후부터 원자폭탄 개발에 대한 가능성이 현실로 닥쳐왔다. 이 가능성은 당시 독일과 치열한 전투를 벌이고 있던 영국에 엄청난 위협을 안겨 주었다. 아인슈타인, 실라르드 등 미국으로 망명한 몇몇 과학자들은 끊임없이 독일의 위험을 경고하며 원자폭탄 개발에 나설 것을 촉구했다. 그러나 미국 정부는 그런 제안을 학자들의 탁상공론 정도로 치부한 채 별 관심을 보이지 않았다. 그사이 영국 정부는 원자폭탄 개발에 박차를 가했다. 1941년 모드위원회가 원자폭탄 제조 가능성을 설득력 있게 보고하자 정치인들이 이에 동조하면서 원폭 개발에 심혈을 기울였다. 그러나 정작 영국에서는 원폭 개발을 실행에 옮기지 못했다. 독일의 폭격 가능성 때문이었다. 영국에 거대한 무기 공장이 세워진다면 독일의 공습에 노출될 위험이 컸다.

결국 일본의 진주만 공습을 계기로, 1942년 미국에서 맨해튼 프로젝트가 시작되었다. 이 프로젝트는 자국에서의 원폭 개발이 불가능하다고 판단한 영국 정부가 자신들이 수집한 자료를 전부 미국에 넘겨줌에 따라 가속화되었다. 실제적인 총책을 맡은 오펜하이머의 지휘 하에 3,000여 명의 과학자와 기술자들이 원자폭탄 제조 연구를 시작했다. 연구를 시작한 지 2년 후인 1944년에는 로스 앨러모스에 공장을 짓고 실질적인 제작에 들어갔다. 파인만도 그 중 한 일원으로 참여하게 된 것이다.

프로젝트에 참여한 다수의 과학자들은 자신들이 맡은 일을 과학적 연구 과제의 하나로만 생각하고 열정적으로 참여했다. 그 결과 이 프로젝트는 원폭 개발을 향해 멈추지 않고 진행되었다. 원자폭탄이 실제로 투하되고 나서야 과학자들은, 과학이 학문 연구의 영역을 벗어나 통제되지 않는 거대한 힘으로 변해 버린 사실을 깨달았다.

# 결혼, 그리고 짧은 신혼여행

파인만은 맨해튼 프로젝트에 참여하고 있을 때 6주간의 휴가를 얻어 박사 학위 논문을 완성했다. 박사 학위를 받자마자 파인만은 가족들에게 아를렌과의 결혼을 선언했다.

파인만의 결혼 선언에 그의 아버지는 상당한 충격을 받았다. 그는 파인만이 과학자로서 널리 알려지기를 바라고 있었다. 그런데 파인만이 한창 공부할 나이에 결혼을 하게 되면 아무래도 장래에 영향을 미칠 것이라고 생각했던 것이다. 다른 가족들과 친척들도 같은 생각이었다. 그러나 파인만은 끝까지 뜻을 굽히지 않았고, 결혼 계획을 그대로 밀고 나갔다.

파인만은 먼저 결혼식을 올린 후에 아를렌이 입원해 있을 만한 병원을 물색해 보았다. 뉴저지 주의 포트 딕스라는 곳에서 남쪽으로 가다 보면 병원이 하나 있었다. 파인만은 그곳을 자기가 프린스턴에 거주하고 있는 동안에 신부가 입원해 있을 곳으로 점찍었다. 그 병원의 이름은 데보라였는데, 뉴욕 주의 여성 의류 제조업체 노동조합에서 운영하는 자선병원이었다. 물론 아를렌이 의류 회사 직원은 아니었지만, 다행히 그게 문제 되지는 않았다. 당시 파인만은 맨해튼 프로젝트에 참가하는 일 외에는 아무 일도 하지 않았기 때문에 수입이 별로 없었다. 그래서 그런 방법을 써서라도 아내가 될 아를렌을 돌보려고 했던 것이다.

두 사람은 데보라 병원으로 가는 길에 결혼하기로 했다. 파인만은 같은 대학원에 다니는 친구에게 자동차를 빌렸다. 그리고 자동차 안에 침대 매트리스를 놓고 작은 앰뷸런스 차량처럼 만들었다. 병원까지 가는 길에 아를렌이 피로해지면 누워 쉴 수 있도록 고안한 것이었다.

파인만은 자동차를 몰고 아를렌의 집으로 갔다. 그리고 신부를 차에 태웠다. 두 사람은 아를렌 가족들의 배웅을 받으며 여행길에 나섰다. 퀸즈 구와 브루클린 구를 지나 다시 배로 갈아타고 스태튼 섬으로 향했다. 이 여행이 두 사람의 신혼여행인 셈이었다. 배에서 내린 두 사람은 혼인신고를 하기 위해 리치몬드 구청으로 갔다.

두 사람은 천천히 계단을 걸어 올라가 구청 사무실로 들어갔다.

담당 직원은 매우 친절하게 두 사람을 맞았다. 직원은 모든 절차를 신속하게 처리해 주었다.

두 사람은 그렇게 서로가 그토록 갈망해 오던 부부가 되었다. 두 사람은 손을 맞잡고 서로에게 미소를 지어 보였다. 그 모습을 흐뭇하게 지켜보던 직원이 말했다.

"자, 이제 신부에게 키스하셔야죠."

파인만은 아를렌의 볼에 가볍게 키스했다. 그리고 직원들에게 진정 어린 감사의 뜻을 전하고, 다시 차에 올라 데보라 병원으로 향했다.

# 당국의 검열에 맞서 싸우다

파인만이 맨해튼 프로젝트에서 겪은 흥미로운 경험은 위대한 학자들을 많이 만났다는 것이다. 이전에는 그런 인물들을 많이 만나 볼 기회가 거의 없었다. 평소 존경하고 우러러보던 학자들을 만나고 그들과 함께 연구를 한 경험은 파인만에게 지대한 영향을 미쳤다.

프로젝트에는 평가위원회가 있어서, 거기에 참여한 사람들이 어떤 연구를 진행해야 할지 방향을 잡아 주었다. 그리고 아낌없는 지원을 해 주었다. 그들의 목표는 궁극적으로 우라늄을 분리해 원자폭탄을 만드는 데 성공하는 것이었다. 그러나 맨해튼 프로젝트에서 처음 시도했던 우라늄 분리 방법은 실패한 것으로 판명되었다. 당국에서는 하던 일을 그만 중단하라는 지시를 내렸다. 그렇다고 프로젝트 자체가 중단된 것은 아니었다. 장소를 뉴멕시코의 로스앨러모스로 옮겨 다시 시작하기로 결정한 것이었다. 연구에 참여한 사람들 모두 그곳으로 옮겨가기로 예정되어 있었다. 로스앨러모스에서 실험과 이론 연구를 함께 진행할 계획이었다. 파인만은 이론 연구 쪽이었고, 다른 사람들은 모두 실험 쪽 일을 하고 있었다.

로스앨러모스에 기숙사와 실험실이 완공되고, 다시 프로젝트가 진행되었다. 그런데 당국에서 연구자들을 상대로 부당한 행위를 하기 시작했다. 미국 전역에서 들어오는 모든 우편물을 사전에 검열하는 조치를 취한 것이다. 비밀리에 진행되는 원자폭탄 개발 계획의 보안을 유지하기 위한 수단이었다. 그러나 그것은 개인의 사생활을 침해하는 행위였고, 인권을 무시하는 조치였다. 당국은 아주 교묘한 방법을 써서, 사람들이 마치 자발적으로 검열을 받는 것처럼 일을 꾸몄다.

먼저 편지를 보내는 사람들은 봉투를 개봉한 채 당국에 제출해야 했다. 그러면 당국에서 편지 내용을 보고 검열을 한다. 만약 내용에 별 문제가 없다 싶으면 편지를 그대로 부칠 수 있으나, 적절하지 않다고 판단되는 문구가 있으면, 그 내용이 왜 부적절한지에 대해 적은 쪽지와 함께 편지를 되돌려 보내게 되어 있었다.

프로젝트에 참여하고 있는 과학자들이 그런 검열을 거부한 것은 당연한 일이었다. 당국은 협의 하에 제도를 정비하기로 했다. 행정

처리에 불만이 있으면 서면을 통해 당국에 알릴 수 있다는 조항이 계약서에 새로 첨가되었다. 또 만약 문제가 발생하면 당국은 바로 사람들에게 알리도록 했다.

검열이 시작된 첫날, 파인만을 찾는 전화가 걸려 왔다.

"무슨 일입니까?"

"잠시 내려와 주십시오."

파인만은 바로 내려갔다. 그들은 파인만의 아버지가 보낸 편지를 펴놓고 그를 기다리고 있었다. 검열관이 물었다.

"이게 뭡니까?"

"뭐긴 뭡니까? 아버님께서 저한테 보낸 편지 아닙니까?"

"그걸 누가 모릅니까? 이것 말입니다."

검열관은 편지에 찍힌 점을 가리키고 있었다. 무슨 암호처럼 보였다. 검열관도 그걸 암호라고 단정하고 있는 듯했다. 파인만이 말했다.

"그건 암홉니다."

"알고 있습니다. 그런데 이게 무슨 뜻입니까?"

"그건 아직 저도 모릅니다."

"해독법이 있을 거 아닙니까?"

"글쎄요. 아직 모르죠."

검열관은 파인만을 수상쩍은 눈길로 쳐다보며 그에게 온 다른 편지를 꺼내 보였다. 거기에도 암호 같은 문자가 씌어 있었다.

"그럼 이건 뭡니까?"

아내가 보낸 편지였다.

"그것도 암호죠."

"무슨 의미죠?"

"그것 역시 아직 모릅니다."

"아니 그게 말이 됩니까? 암호를 받아 놓고 해독법을 모른다니요?"

"그래요. 이건 일종의 게임입니다."

파인만은 아버지와 아내에게 자기가 풀지 못할 암호를 적어 보내라고 했던 것이다. 파인만은 그런 식으로 생활 속의 즐거움을 누리는 사람이었다. 따라서 편지에 적힌 암호도 일상적인 의미를 지닌 것이었다. 검열 규칙에는 일상적인 것이라면 편지에 어떤 내용을 써도 좋다는 조항이 있었다.

검열관은 끝까지 암호의 해독에 신경을 썼다. 그가 말했다.

"우리는 어쨌든 이 암호들이 무슨 뜻인지 알아야겠습니다. 해독법을 알려 달라고 답장을 하시죠."

"그건 내가 직접 알아내야 한단 말입니다. 이건 그저 게임일 뿐이라니까요."

"좋습니다. 그럼 이렇게 하죠. 일단 해독법을 알려 달라고 편지를 하시고, 해독법이 오면 우리만 보도록 하지요."

파인만은 그렇게 하라고 말했다. 그는 암호의 내용보다 그 암호를 풀어내는 즐거움을 원했던 것이다. 그래서 풀기 어려운 암호일수록 좋아했다.

다음 날 아내로부터 편지가 왔다. 편지에는 이런 문구가 쓰여 있었다.

> 편지 쓰기가 너무 부담스러워. 꼭 ●●●가 어깨 너머로 훔쳐보고 있는 것만 같아.

●●●는 잉크 지우개로 덧칠해진 부분이었다. 검열관이 편지 내용 중 맘에 들지 않은 부분을 지워 버린 게 분명했다. 파인만은 바로 사무실로 내려가서 항의했다.

"당신네 마음대로 이런 짓을 해도 됩니까? 이건 정말 야만적인 행위요."

그들이 말했다.

"말도 안 됩니다. 검열관은 잉크 지우개를 쓰지 않습니다. 가위를 쓰지요."

파인만은 바로 아내에게 답장을 썼다. 그녀가 잉크 지우개를 쓴 것인지 알아보기 위해서였다. 다시 날아온 아내의 답장에는 이렇게 씌어 있었다.


아니. 나는 잉크 지우개를 쓰지 않았어. 그건 아마 ●●● 짓일 거야.


이번에는 편지에 잘라 낸 흔적이 있었다. ●●● 부분을 잘라 낸 것이었다. 파인만은 책임자인 소령을 찾아가 따졌다. 소령이 말했다. "검열관들에게 검열에 필요한 규정을 충분히 교육시켰지만, 그

들이 아직 이런 일에 미숙한 모양이오."

파인만은 이번에야말로 검열의 문제점을 바로잡아야겠다고 마음먹었다. 그런 일은 시간도 오래 걸릴 뿐더러, 무척 답답하고 짜증나는 일이었다. 그러나 누구든 나서서 해야 될 일이라고 여겼다. 파인만은 매일 아내와 편지를 주고받으며, 그때마다 검열관에게 검열의 문제점을 따지고 들었다. 그러자 어느 날 검열 담당 소령이 파인만을 불렀다. 소령은 잔뜩 골이 난 얼굴로 파인만을 기다리고 있었다.

"대체 뭐가 문제요? 내가 당신한테 호의적이지 않다고 보십니까?"

"아니오. 소령님은 분명 호의적이시지만, 이 문제를 바로잡을 능력은 없는 것 같습니다. 벌써 사나흘이 지나도록 달라진 게 아무것도 없으니까요."

소령이 말했다.

"좋습니다. 그럼 어디 확인해 봅시다."

소령은 검열관들에게 전화를 걸어 자초지종을 물었다. 그제야 검열관들이 잉크 지우개와 가위질로 불법적인 행위를 저질러 온 사실이 밝혀졌다. 그 뒤로 가위질로 구멍 난 편지를 받아 보는 일은 생기지 않았다.

그런데 또 다른 문제가 불거졌다. 어느 날 아내의 편지를 받았는데, 봉투에 검열관이 첨부한 쪽지가 들어 있었다. 쪽지에는 해독법이 없는 암호가 있어서 삭제했다는 내용이 적혀 있었다. 그날 파인만은 앨버커키에 있는 아내를 만나러 갔다. 그를 본 아내가 물었다.

"내가 부탁한 건 구해 왔어?"

파인만은 어리둥절한 표정으로 물었다.

"뭐 말이야?"

"어? 내가 편지에 썼잖아! 산화납, 글리세린, 핫도그, 세탁물이 필요하다고."

"그럼 그걸 적어 보낸 거야?"

파인만은 순간 편지에서 어떤 내용이 삭제되었는지 알아차렸다. 검열관은 산화납, 글리세린 같은 단어가 암호라고 생각했던 모양이었다. 하지만 아내는 상자를 고칠 접착제를 만들기 위해 산화납과 글리세린을 구해 오라고 했을 뿐이었다. 그건 암호가 아니었다.

그 뒤로도 비슷한 일이 몇 주 동안이나 계속되었다. 그걸 바로잡는 데 또 몇 주가 걸렸다.

편지를 주고받을 때마다 항상 문제가 발생했다. 아무리 사소한 거라고 해도 그냥 넘어가서는 안 되는 문제들이었다. 아내는 검열관이 어깨 너머로 훔쳐보는 것 같다는 말을 계속 써 보냈다. 검열관들과 옥신각신하는 사이에 파인만은 편지를 주고받을 때 어떤 것이 통과될 수 있고, 어떤 것이 삭제되는지 누구보다 잘 알게 되었다. 파인만은 그것을 이용해 동료들과 내기를 해서 돈을 조금씩 딸 정도였다.

# 금고털이 전문가

급히 로스앨러모스로 옮겨 간 탓에 연구팀에는 모든 준비가 제대로 갖춰지지 않은 상태였다. 심지어 안전장치가 제대로 갖춰지지 않은 금고가 있어 비밀 자료를 보관하는 데 애를 먹을 정도였다. 긴 쇠막대가 안전장치를 대신하기도 했다. 긴 쇠막대를 금고의 서랍 손잡이에 끼운 다음, 다시 자물쇠를 채우는 장치를 임시로 만들었던 것이다. 그걸 보고 누군가가 파인만에게 말했다.

"저 쇠막대를 봐. 누가 저걸 열 수 있겠냐?"

그러나 파인만이 보기에는 너무 엉성한 장치였다. 파인만은 전에 자물쇠 따는 법을 배운 적이 있었다. 이번에는 굳이 자물쇠를 딸 필요조차 없었다. 그걸 지적해 주기 위해 파인만은 서류함 앞으로 다가갔다. 그러고는 서랍 뒤쪽으로 손을 넣어 움직이는 부품을 뒤로 당긴 다음, 상자 안에 있는 서류를 끄집어냈다.

"보라구. 자물쇠는 건드릴 필요조차 없잖아? 이런 건 아무 소용도 없어."

파인만은 안전장치를 개선해야 된다고 계속 요구했다. 그는 필요할 때마다 다른 사람들의 보고서를 몰래 꺼내 오곤 했다. 자물쇠가 아무런 쓸모도 없다는 걸 알려 주기 위해서였다. 그리고 돌려줄 때는 이렇게 말했다.

"보고서 고마웠어."

그러면 보고서 주인이 깜짝 놀라며 물었다.

"어! 이거 어디서 났어?"

"어디서 나긴? 자네 서류함에서 꺼냈지."

"잠겨 있었을 텐데, 그럴 리가!"

"나도 알아. 하지만 그런 자물쇠는 아무 소용도 없지."

파인만의 요구가 받아들여져, 숫자 조합으로 된 안전장치가 달린 새로운 서류함 금고를 쓰게 되었다. 하지만 그것 역시 파인만의 새로운 표적이 되었다. 그의 또 다른 도전이 시작된 것이다.

파인만은 안전에 대한 관심 때문에 금고 열기에 몰두하게 되었다고 말했다. 그러나 꼭 그 때문만은 아니었을 것이다. 파인만은 불가능해 보이는 것에 대한 도전 의식이 누구보다 강했다. 그리고 남들이 사소하고 하찮게 여기는 사물에 대한 관심도 컸다. 따라서 그는 새로 들어온 금고를 보고 그 숨은 원리를 알아내고 싶은 욕구와 호기심이 생겼을 것이다. 그렇게 알아낸 사실을 이용해 장난을 치고 싶은 영웅 심리도 작용했을 것이다. 파인만은 성인이 되어서도 소년 시절의 장난꾸러기 기질을 여전히 발휘하고 있었다.

아무튼 파인만은 새로 들어온 서류함을 어떻게 열 수 있을지 궁리를 거듭했다. 그는 자물쇠 숫자를 촉각과 청각으로 알아내는 방법을 알고 있었다. 그러나 그 금고는 새롭게 설계된 것이었다. 세 개의 다이얼 번호를 제대로 맞추지 못하면 결코 열 수 없었다. 방법을 알아내기 위해 금고털이에 대한 책을 몇 권 사 보기도 했다. 책들은 모두 비슷한 내용으로 채워져 있었다. 책에 나온 내용을 토대로 온갖 방법을 써 보았지만 모두 허사였다.

하지만 파인만은 거기서 멈추지 않았다. 그는 체계적인 연구를 통해 비로소 몇 가지 방법을 찾아냈다. 숫자들의 조합을 이용해, 8천 번의 경우의 수로 다이얼을 돌려 여덟 시간 안에 금고를 열 수 있게 된 것이다.

그리고 또 한 가지 알아낸 것이 있었다. 세 번호 중 뒤의 두 번호를 쉽게 알아내는 방법을 발견한 것이다. 금고가 열려 있을 때는 걸쇠가 내려가 있어서 그 번호를 쉽게 알아볼 수 있었다. 그때 다이얼을 돌려가며 걸쇠가 올라가는 순간을 포착하는 방식이었다.

파인만은 기회만 생기면 그 방법을 계속 연습했다. 다른 방 동료와 얘기하는 중에도 서류함에 기대어 다이얼을 계속 만지작거렸다. 그러면서 다이얼 번호 두 자리를 알아내는 것이다. 그리고 다시 자기 사무실로 돌아와 그 번호를 적어 두었다. 뒤의 두 자리 번호만 알면 맨 앞의 번호는 1분이면 알 수 있었다.

파인만은 곧 금고털이(?)로 명성을 날리게 되었다. 동료들은 다른 사람의 서류가 급하게 필요할 때마다 파인만을 찾았다.

"이봐, 리처드! 크리스티가 외출을 했는데, 그 친구 금고에서 서류를 꺼내야 하거든. 좀 열어 줄 수 있겠어?"

"물론. 가서 공구를 가져오지."

그러나 사실 파인만에게 공구는 필요 없었다. 사무실로 가서 미리 적어 둔 크리스티의 금고 번호 두 자리를 확인하고 오면 되었다. 파인만은 만약의 경우를 위해 모든 동료들의 금고 번호를 적어 두었다. 그래서 마음만 먹으면 언제든지 모든 금고를 열 수 있었다.

파인만은 보란 듯이 뒷주머니에 드라이버를 꽂고 나간다. 그러고는 크리스티의 사무실로 들어간 다음 문을 닫는다. 다른 사람들이 봐선 안 되기 때문이다. 모든 사람들이 금고를 열 수 있게 된다면 어떤 일이 벌어질지 모른다. 그는 의자에 앉아 잡지를 보며 시간을 보내다가 20분쯤 후에 금고를 연다. 사실 얼른 미리 한 번 열어보고, 열리는 걸 확인한 다음 20분쯤 빈둥거린 다음이다. 파인만은 다른 사람에게 금고를 여는 게 결코 쉬운 일이 아니라는 인식을 심어 줘서 자신의 금고털이로서의 능력을 계속 평가받고 싶어 했던 것이었다.

금고를 연 파인만은 방문을 연다. 그리고 땀을 닦아 내듯 이마를 훔치며 말한다.

"휴, 열렸어. 확인해 봐."

그러면 동료들은 전혀 눈치를 채지 못했다. 그들은 매번 파인만의 금고털이 기술에 찬사를 보내며 고마워했다.

우라늄 공장의 보안 문제를 점검하러 갔을 때도, 공장의 주요 기밀이 보관되어 있는 서류함을 10분 만에 열어 보여 사람들을 놀라게 했다. '당신들이 절대 안전하다고 믿고 있는 금고가 이렇듯 허술한 약점을 지니고 있다!' 파인만은 마치 게임을 즐기듯 금고털이 기술을 선보이며 안전에 대한 의식을 일깨워 주었다.

# 기막힌 행운

테네시 주의 오크리지에 있는 우라늄 공장의 보안 문제가 두통거리로 떠올랐다. 로스앨러모스에서는 폭탄을 만들고 있었고, 오크리지의 공장에서는 우라늄 분리 작업이 이루어지고 있었다. 로스앨러모스의 연구자들은 공장에서 작업이 어떻게 진행되는지 알아낼 방법이 없었다. 지시한 대로 실험을 실행하고 있는지조차 알 수 없었다. 그래서 공장에 직접 가서 알아보기로 했다.

그런데 군 당국에서 제지하고 나섰다.

"그건 안 됩니다. 로스앨러모스의 모든 정보는 밖으로 유출되면 안 된다는 게 우리 방침입니다."

오크리지의 공장에서 일하는 사람들은 우라늄이 어디에 쓰이는

지 아무도 몰랐다. 높은 지위에 있는 사람들도 단지 우라늄 분리 작업을 하고 있다는 것만 알고 있을 뿐이었다. 폭탄의 위력이 어느 정도인지, 어떤 원리에 의해 작동하는지에 대해서는 전혀 알고 있지 않았다. 낮은 직급에 있는 사람들은 자신들이 무슨 일을 하고 있는지조차 모른 채 일을 했다. 군 당국은 그런 상태로 모든 일이 진행되기를 바랐다. 오로지 비밀을 유지하는 데만 신경을 쓸 뿐, 공장 내부의 안전 문제는 뒷전이었다. 군대라는 조직 사회의 지나친 폐쇄성이 문제였다.

그대로 방치했다간 엄청난 사고가 발생할 위험이 있었다. 그래서 연구팀 동료 세그레가 상황을 알아보러 갔다. 공장을 둘러보다가 세그레는 위험하기 그지없는 상황을 목격했다. 일하는 사람들이 녹색의 액체가 들어 있는 큰 통을 굴려서 운반하고 있었다. 그 액체는 질화우라늄 용액(우라늄을 주재료로 하는 핵연료)으로, 그런 식으로 취급했다간 자칫 폭발할 위험이 있었다. 세그레는 바로 그 점을 지적했다.

"아니, 이봐요. 그걸 그런 식으로 다루면 위험합니다."

"왜죠?"

"폭발할 수 있으니까요."

"뭐라구요? 그게 정말입니까?"

그때 옆에서 지켜보고 있던 군 당국자가 세그레를 막아서며 말했다.

"잘 아시겠지만, 당신은 저들에게 어떠한 정보도 알려 주면 안 됩니다."

"그럼 어쩌란 말이오? 저대로 두면 정말 위험합니다."

군 당국은 폭탄을 제조하는 데 우라늄의 양이 얼마나 필요한지 알고 있었다. 폭탄을 만드는 데는 우라늄 20킬로그램 정도가 필요하다. 군 당국은 그 정도의 양이라면 한 공장에 보관하지 않을 테니, 안전할 거라 믿고 있었다. 하지만 그들은 중성자(소립자의 하나. 뉴트론이라고도 한다)가 물속에서 속도가 줄게 되면 보통 때보다 훨씬 위험하다는 사실을 몰랐다. 중성자는 물속에서 보통의 100분의 1도 안 되는 양으로도 방사능 반응을 일으킨다. 그렇다고 큰 폭발이 발생하는 건 아니지만, 방사능이 생기기 때문에 주위 사람들이 모두 죽게 될 수도 있었다. 그런데도 안전에 주의를 기울이는 사람이 아무도 없었다.

공장의 위험한 상황을 알게 된 로스앨러모스에서 바로 조치를 취했다. 먼저 폭발 위험을 피해 안전하게 작업할 수 있는 방법을 찾아내야 했다. 그런 다음에 한 사람이 공장에 가서 위험한 상황을 알리기로 했다. 공장에 파견할 연구팀원으로 크리스티가 결정되었다. 그런데 그가 폐렴에 걸리는 바람에 파인만이 대신 가게 되었다.

공장에 도착한 파인만은 우선 공장 내부부터 보여 달라고 요구했다. 처음에는 말없이 둘러보기만 했다. 파인만은 전체를 둘러보고 세그레가 보고한 것보다 훨씬 심각한 상황이라는 판단이 섰다. 세그레가 제대로 둘러보지 못한 것이다. 그는 상자들이 쌓여 있는 것은 발견했지만, 다른 방에도 상자들이 잔뜩 쌓여 있는 건 보지 못한 모양이었다. 우라늄 상자들을 그런 식으로 한곳에 쌓아 두게 되면 언제 폭발하게 될지 모를 일이었다.

파인만은 다시 한 번 공장 전체를 샅샅이 살펴보았다. 파인만은 기억력이 그다지 좋은 편이 아니었다. 그러나 집중해서 일할 때는 놀라운 기억력을 발휘하곤 했다. 그는 건물 번호와 통 번호 등, 문제가 될 만한 사항들을 모조리 기억해 두었다.

숙소로 돌아온 파인만은 모든 위험 상황과 대처 방법을 설명할 준비에 들어갔다. 문제를 바로잡는 것은 그리 어렵지 않았다. 먼저 용액에 카드뮴을 섞어 물속의 중성자를 흡수한다. 그리고 상자들을 분리해서 밀도가 너무 높지 않게 하고, 너무 많은 우라늄 상자를 한곳에 쌓아 두지 않도록 한다. 이런 몇 가지 사항만 지켜도 안전은 충분히 보장될 수 있었다.

파인만은 모든 문제점을 나열한 다음, 각 문제점들마다 해결책을 마련했다. 또 어떻게 하면 폭발을 막을 수 있는지에 대해서도 설명할 준비를 완벽하게 마쳤다. 이 문제로 다음 날 중요한 회의가 예정되어 있었다.

다음 날 아침, 파인만은 자료를 들고 회의장에 들어섰다. 회사의 모든 관계자들과 거물급 인사들, 이 분야의 전문가들은 물론 군 당국에서 나온 장군까지 참석해 있었다. 모두들 일을 주도하는 위치에 있는 사람들이었다.

공장 쪽에서 파인만의 경호와 시중을 위해 배려해 준 사람이 있었다. 그는 줌왈트 중위였다. 중위는 자기 직속 상사인 대령이 내린 지시를 파인만에게 전해 주었다. 비밀을 유지해야 하니, 중성자의 작용 같은 세부적인 얘기는 하지 말라는 지시였다. 안전을 위해 꼭 필요하다고 생각되는 내용만 말하라는 것이었다. 파인만은 또 다시 군대 내부 조직이 둘러치고 있는 답답한 벽에 부딪히는 기분이었다. 그런 지나친 보안이 더 엄청난 위험을 키워 낸다는 걸 그들은 아직 인식하지 못하고 있었다. 파인만은 중위의 요구에 그럴 수 없다고 단호하게 말했다.

"이봐요, 중위님! 내 생각에는 여기에서 일하는 사람들이 물리에 대한 기초적인 원리를 이해하지 못하고서는 그 많은 규칙을 제대로 지킬 수가 없다고 생각해요. 내가 모든 걸 밝혀야만 이곳의 안전을 보장할 수 있습니다. 그렇게 할 수 없다면, 우리 로스앨러모스는 오크리지 공장의 안전을 책임질 수 없습니다."

그러자 중위의 얼굴에 긴장한 기색이 역력하게 드러났다. 그는 파인만을 대령에게로 데려갔다. 그리고 파인만이 들려준 말을 대

령에게 그대로 전했다. 잠자코 듣고 있던 대령의 얼굴에도 긴장감
이 흘렀다. 이윽고 대령이 말했다.

"5분만 기다려 주겠소?"

오크리지 공장 내부에 폭탄 개발 계획을 공개하느냐 마느냐의
중대한 결정을 5분 만에 내린다는 것은 놀라운 일이었다. 결정이
잘못되었다고 판단되면 모든 책임을 대령이 지게 될 터였다. 중대
한 결정을 책임자 혼자서, 그것도 5분 만에 뚝딱 내릴 수 있는 군대
조직. 파인만은 그러한 계급사회가 안고 있는 문제점을 깨닫지는
못했다. 파인만은 차라리 그 대령이 존경스러워 보였다. 자신은 절
대 그런 결정을 내릴 수 없을 거라는 생각이 들어서였다.

마침내 5분이 흘렀다. 대령은 기다렸다는 듯 입을 열었다.

"좋습니다, 파인만 씨! 그렇게 하십시오."

파인만은 회의석에 앉아 중성자에 대해 상세하게 설명해 나갔다.
그런 내용은 로스앨러모스에서 일하는 사람들에겐 상식에 속하는
것이었다. 하지만 공장 사람들은 전혀 모르는 내용이었다. 그래서인
지 공장 사람들은 파인만을 마치 천재처럼 여기는 분위기였다.

회의 결과, 공장 관계자들은 작은 모임을 만들어 문제를 해결해
나가기로 했다. 그들은 공장을 다시 설계하기 시작했다. 파인만은
로스앨러모스로 돌아갔다. 공장에서는 몇 달 뒤에 다시 한 번 와 달
라고 부탁했다.

한 달쯤 지났을 때, 파인만은 다시 공장으로 갔다. 공장의 설계가 끝난 상태이니 새로운 문제점이 없는지 파인만이 살펴봐 달라는 거였다. 그런데 문제가 있었다. 아직 공장이 지어지지 않은 상태였던 것이다.

줌왈트 중위는 파인만을 어떤 방으로 데려갔다. 방 안에는 설계 기술자 두 사람이 기다리고 있었다. 그리고 기다란 탁자에는 설계도가 한 무더기나 놓여 있었다. 파인만은 학교에 다닐 때 기계제도를 해 본 적이 있었지만, 전문적으로 설계도를 읽는 것은 배운 적이 없었다. 기술자들이 그런 파인만의 사정을 알 리 없었다. 그들은 설계도를 펼쳐 놓고 하나하나 설명해 나갔다. 그들은 파인만을 천재로 여기고 있었다. 그래서 파인만이 자기들의 설명을 다 이해할 거라고 믿고 있었다.

장황하게 이어지는 설명을 들으며 파인만은 완전히 넋이 나가고 말았다. 도무지 이해하기 힘든 내용들이었다. 그는 설계도에 나오는 온갖 기호들이 무엇을 뜻하는지도 몰랐다. 그 수많은 기호 가운데 창문처럼 보이는 것이 있었다. 사각형 안에 십자 표시를 한 기호들이었다. 그런 기호가 곳곳에 박혀 있었다. 그러나 파인만이 자세히 살펴보니 그게 창문일 수가 없었다. 파인만은 그게 무슨 기호냐고 묻고 싶었다. 그냥 바로 물어보면 알게 될 내용이었다. 하지만 파인만은 너무 오래 망설이느라 물어볼 기회를 놓치고 말았다. 뒤늦게 물어보면, 왜 이제야 묻느냐며 핀잔을 줄 것 같았다.

파인만은 어떻게 하면 궁금한 내용을 알아낼 수 있을까, 궁리하기 시작했다. 그게 창문이 아니라면 밸브일 것 같았다. 그래서 파인만은 그게 밸브가 맞는지 슬쩍 물어보기로 했다. 파인만은 설계도 세 번째 쪽의 한가운데에 박힌 기호를 가리키며 물었다.

"그런데 말입니다. 이 밸브가 막히면 어떻게 되는 겁니까?"

파인만은 속으로 기술자들이 이렇게 대답할 거라고 예상했다.

'선생님, 그건 밸브가 아니라 창문이랍니다.'

파인만의 예상은 빗나갔다. 그러나 파인만에게는 그것이 기막힌 행운이었다.

두 기술자는 서로의 얼굴을 쳐다보며 중얼거렸다.

"음, 글쎄요. 그 밸브가 막히면……."

두 사람은 더 이상 말을 잇지 못했다. 파인만이 밸브일 거라고 넘겨짚은 게 정확하게 들어맞은 모양이었다. 게다가 그 밸브가 심각한 문제를 안고 있다는 사실까지 한꺼번에 지적해 버린 셈이었다. 두 기술자의 손가락이 설계도 위에서 오락가락하며 부산하게 움직였다. 한참 동안 그러고 있던 기술자 중 한 사람이 말했다.

"선생님, 정확하게 지적해 주셨습니다."

기술자들은 설계도를 말아 쥐고 서둘러 방에서 나갔다. 줌왈트 중위와 파인만도 그 뒤를 따랐다. 줌왈트 중위가 파인만을 대단하다는 듯 바라보며 말했다.

"당신은 정말 천재요. 오늘 일은 정말 환상적입니다. 어떻게 그렇게 할 수 있죠?"

파인만은 솔직하게 말해 주었다.

"사실은 그게 밸브인지조차 몰랐소. 나는 다만 그게 밸브가 맞는지 알아보려고 한 것뿐이오."

그러나 중위는 파인만의 고백을 믿지 않는 눈치였다.

# 아를렌과의 영원한 이별

파인만이 로스앨러모스에 있는 동안에도 아내의 병세는 점점 악화되어 갔다. 병상을 지키고 있던 장인이 파인만에게 전화를 했다. 수화기를 귀에 대자, 장인의 울먹이는 목소리가 흘러들었다.

"자네, 당장 와 줘야겠네. 아무래도 아를렌이 얼마 버티지 못할 것 같군."

'마침내 닥치고 만 것인가?'

이런 일에 대비해 파인만은 친구의 자동차를 언제든 급할 때 바로 이용할 수 있도록 손을 써 두었다. 그 차를 빌려 타고 아내가 있는 앨버커키로 향했다.

병실에 들어서자 슬픔에 잠겨 있는 장인이 파인만을 맞았다. 장인은 며칠 동안 아를렌의 병상을 지키며 간호를 해 왔다. 그래서인지 무척 지친 기색이었다. 그는 슬픈 얼굴로 파인만을 바라보며 간신히 입을 열었다.

"나는 더 이상 옆에서 이 모습을 지켜볼 수가 없네. 그래서 그만 집으로 돌아가려 한다네. 뒷일은 자네가 알아서 처리해 주게."

장인은 바로 뉴욕으로 떠났다. 아내는 의식이 희미한 상태라서 주위에서 무슨 일이 일어나고 있는지도 모르는 것 같았다. 그저 멍

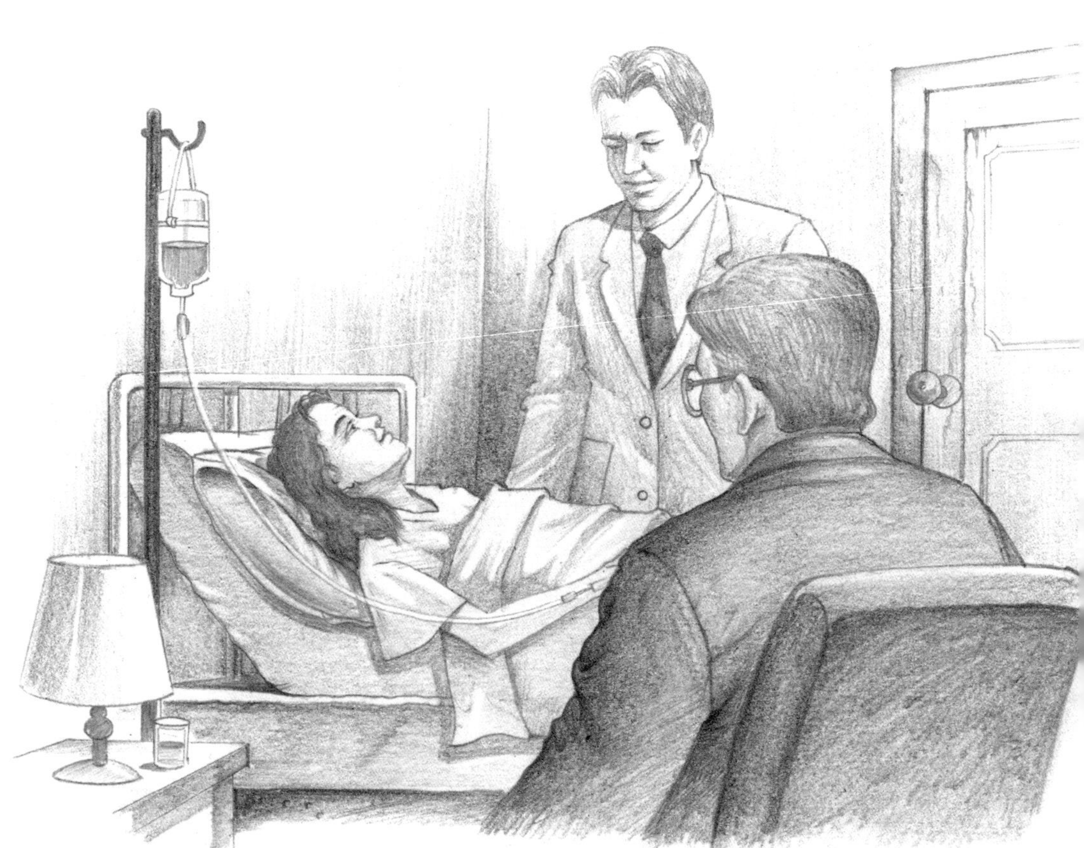

하니 천장만 바라본 채 누워 있었다. 숨을 쉬는 것마저 점점 힘들어했다. 때로 숨이 멈추기도 했다. 한참 동안 숨을 멈추고 있다가 어느 순간 무언가를 삼키는 듯한 소리를 내며 숨을 몰아쉬곤 했다. 벌써 죽음의 그림자가 그녀 주위에서 서성거리고 있었다.

그렇게 몇 시간이 흘렀다. 파인만은 어쩐지 슬픈 기분이 들지 않았다. 물론 전혀 슬프지 않은 건 아니었다. 다만 그 슬픔을 담담하게 받아들일 수 있을 정도였다. 파인만은 이미 7년 전부터 언젠가 이런 일이 닥치리라는 걸 예상하고 있었기 때문일 거라고 생각했다.

파인만은 잠시 밖으로 나가 산책하듯 걸었다. 그러면서 이런저런 생각에 잠겼다.

'나도 언젠간 죽게 되겠지. 그래, 그런 사실을 알고 있기 때문에 매일매일 열심히 살아가는 건지도 모르지. 어차피 모두 언젠가 죽는다는 사실은 너무도 당연하니까, 우리는 웃기도 하고, 농담도 하면서 살아가는 거야. 아를렌과 결혼한 지 5년이 흘렀군. 생각해 보면 그녀와 함께하는 동안 나는 얼마나 행복했던가……'

파인만은 다시 병실로 돌아왔다. 아내의 의식은 점점 희미해지고 있었다. 호흡도 갈수록 힘들어했다. 그러다 마침내, 숨이 끊어지기 직전에 이르렀다. 아내의 마지막 숨결이 매우 가늘고 흐릿해졌다. 아를렌의 영혼은 그렇게 깃털처럼 가벼워져서 어느 순간 하늘로 훨훨 날아오르는 듯했다. 당직 간호사가 아를렌의 죽음을 확인하고 나가자. 파인만은 한동안 혼자 있고 싶었다. 그는 아내에게 마지막 키스를 했다.

다음 날 파인만은 장의사를 찾아갔다. 장의사는 아를렌의 손가락에서 빼낸 반지를 돌려주며 물었다.

"부인을 마지막으로 한 번 더 보시겠습니까?"

"아니오. 됐습니다. 방금 전에 봤거든요."

"예……. 하지만 우리가 깨끗하게 화장을 해 놨으니까, 한번 보시지 않겠냐는 거죠."

파인만에게는 그런 장례 풍습이 낯설기만 했다. 시체의 얼굴에 화장을 한다는 것도 이상하게 여겨질 뿐이었다. 파인만은 죽은 아내의 화장한 얼굴을 보고 싶지 않았다. 그랬다간 헤어날 수 없는 슬픔에 빠져 버릴 것 같아서였다.

장례를 마치고, 파인만은 아를렌의 유품을 차에 실었다. 그리고 천천히 운전을 하며 로스앨러모스로 돌아왔다. 파인만은 동료들을 어떻게 대해야 할지 몰라 당황스러웠다. 그는 동료들이 슬픈 표정으로 아를렌의 죽음에 대해 이러쿵저러쿵하는 것이 싫었다. 그러나 그걸 피해갈 수는 없는 노릇이었다. 동료들 중 한 사람이 아내는 어떻게 되었느냐고 물었다. 파인만은 짐짓 태연스런 목소리로 대답했다.

"죽었어. 그런데 우리 프로그램은 어떻게 돼 가고 있지?"

파인만은 아내의 죽음 때문에 우울해지고 싶지 않았다. 그런 일로 다른 동료들에게 안 좋은 영향을 끼치는 것을 피하고 싶었던 것이다. 동료들도 그런 파인만의 마음을 금방 알아차렸다. 그리고 평소처럼 파인만을 대했다.

그러나 파인만은 아직 죽은 아내의 그늘에서 벗어나지 못하고 있었다. 밤이면 꿈속에 아를렌이 나타나곤 했다. 파인만은 꿈속에서 말했다.

"이건 아냐. 당신은 이 꿈에 나타나면 안 되는 거야. 당신은 이미 죽었잖아?"

파인만은 며칠 뒤에 또 꿈속에서 아를렌을 만났다. 다시 말했다.

"아냐. 당신은 이 꿈에 나타나면 안 된다니까."

파인만은 아내를 잃은 슬픔을 견디기 위해 스스로에게 심리적인 압박을 가하고 있었던 것이다. 한 달쯤 지났을 때 파인만은 더 이상 참지 못하고 엉엉 울음을 터뜨리고 말았다.

오크리지에 있는 백화점 옆을 지날 때였다. 파인만은 전시장에서 아를렌에게 잘 어울리겠다 싶은 옷을 발견했다. 순간 그의 머릿속에 아를렌이 저 옷을 보면 무척 좋아할 텐데…… 하는 생각이 스쳐 갔다. 그와 동시에 파인만은 그 자리에서 소리 내어 울고 말았다. 지나가던 사람들이 이상한 눈길로 보았지만, 한번 터져 나온 울음을 멈출 수는 없었다.

# 핵폭발 장면을 지켜보다

아내가 죽은 뒤, 파인만은 집에서 짧은 휴가를 보내고 있었다. 그 무렵에 로스앨러모스에서 전보가 도착했다. 전보에는 이런 문구가 찍혀 있었다.

○월 ○일, 아기가 태어날 예정.

원자폭탄이 개발되어 곧 폭파 실험이 있을 거라는 메시지였다. 파인만은 그날로 비행기를 타고 로스앨러모스로 날아갔다. 도착해 보니, 막 실험 현장으로 떠나는 버스가 출발하려는 중이었다. 파인만은 방에 들르지도 못한 채 바로 버스에 올랐다. 버스는 앨러모고도에서 정차했다. 폭발 지역에서 30여 킬로미터 떨어진 지점이었다. 10킬로미터 떨어진 지점에도 사람들이 몰려 있었다. 그곳에서 무전기로 경과를 파악해 가며 대기하고 있으라는 지시가 내려진 상태였다. 그러나 무전기가 작동하지 않아서 경과를 알 수 없었다. 무전기는 폭발 예정 시간 직전에서야 작동이 되었다. 불과 20여 초 남은 시각이었다.

모두 폭발 장면을 관찰하는 데 사용할 색안경을 하나씩 지급받았다. 눈을 보호하기 위한 조치였다. 하지만 30여 킬로미터나 떨어진 곳에서 색안경을 끼고는 폭발 장면을 제대로 관찰할 수 없을 터였다. 또 눈을 상하게 하는 것은 폭발할 때 발산되는 밝은 빛이 아니었다. 밝은 빛은 절대 눈을 상하게 할 리 없었다. 눈을 상하게 하는 것은 자외선이었다.

파인만은 그것을 알고 있었다. 그래서 색안경을 끼지 않기로 작정했다. 그는 근처에 주차해 있는 트럭에 올라탔다. 트럭의 앞 유리를 통해 폭발 장면을 지켜볼 생각이었다. 그렇게 하면 색안경을 끼지 않고도 모든 걸 자세하게 관찰할 수 있었다. 자외선은 유리를 통과하지 못하기 때문이었다.

다른 사람들은 모두 색안경을 끼고 있었다. 파인만은 유리를 통해 폭발 지점을 응시했다. 마침내 엄청난 섬광이 허공으로 솟구치는 장면이 펼쳐졌다. 엄청나게 밝은 빛이 세상을 한입에 삼킬 듯 번져 나갔다. 파인만은 반사적으로 고개를 숙였다. 보랏빛의 얼룩이 트럭 바닥에 드리워지는 게 얼핏 보였다. 파인만은 혼잣말하듯 중얼거렸다.

"이건 아냐. 이건 그저 잔상일 뿐이지."

파인만은 다시 고개를 들고 앞쪽을 바라보았다. 아름답다는 느

낌이 들 정도로 거대한 장관이 펼쳐져 있었다. 폭발과 함께 쏟아져 나온 하얀 빛 무리가 점차 노란색으로 물들어 가고 있었다. 그 빛은 다시 오렌지 빛으로 변해 갔다. 엄청난 구름 더미가 생성되었다가 차츰 자취를 감췄다. 폭발의 충격파가 그런 현상을 빚어낸 것이다.

마침내 오렌지 빛으로 물든 거대한 공이 허공으로 솟아올라 굽이치듯 움직였다. 중심부가 너무 밝은 탓에 오렌지 빛 공 모양이 된 것이었다. 가장자리는 약간 검은빛을 띠고 있었다. 곧이어 연기로 감싸인 거대한 불덩어리 안쪽에서 섬광과 함께 강력한 열기가 뿜어져 나왔다. 그런 모든 현상이 불과 1분 사이에 이루어졌다. 폭발로 인해

눈부시게 환해졌던 주위가 점차 어두워졌다. 파인만은 그 모든 걸 지켜보았다. '트리니티 테스트'라는 암호명으로 불렸던 최초의 핵 폭발 실험을 맨눈으로 지켜본 사람은 파인만밖에 없었다. 10킬로미터 지점에 있던 사람들은 색안경을 끼고 바닥에 엎드려 있으라는 지시를 받았다. 그래서 그 모든 걸 볼 수 없었을 것이다. 또 파인만과 함께 30킬로미터 지점에 있던 사람들도 모두 색안경을 끼고 있었다. 따라서 맨눈으로 그 장면을 관찰한 사람은 파인만이 유일했다.

폭발이 있는 동안, 아무도 입을 열지 않았다. 그저 숨죽이고 묵묵히 바라보고 있을 뿐이었다. 다시 30초쯤 시간이 흘렀을 때, 엄청난 굉음이 지축을 울렸다. 천둥 같은 소리가 울부짖듯 우르릉거렸다. 그 소리에 사람들 모두 팽팽하게 조여든 긴장감에서 놓여났다. 그 정도 굉음이라면, 모든 게 성공적이었다. 그 소리는 폭탄이 제대로 작동했다는 걸 의미하는 것이었기 때문이다. 굉음은 바로 맨해튼 프로젝트의 성공을 의미하는 축포와도 같았다.

폭발 실험이 성공적으로 끝나자 로스앨러모스는 축제 분위기에 빠져 들었다. 술판이 벌어졌고, 모두들 거나하게 취했다. 로스앨러모스는 온통 흥분의 도가니였다. 모두들 성공의 기분에 도취되어 앞으로 벌어질 비극적인 상황은 생각할 여유가 없었다. 파인만 역시 마찬가지였다. 그도 동료들과 함께 마구 날뛰며 환호했다. 지프 보닛에 걸터앉아 드럼을 두들기기도 했다.

오직 한 사람만이 예외였다. 그런 열광 속에서도 침울한 얼굴로 말없이 앉아 있는 사람이 있었다. 파인만을 맨해튼 프로젝트로 끌어들였던 밥 윌슨이었다. 파인만이 물었다.

"왜 그래요? 무슨 문제라도 있어요?"

밥은 음울한 목소리로 대답했다.

"모르겠어. 우리가 무슨 일을 하고 만 걸까? 우리가 만들어 낸 건 끔찍한 거야."

파인만이 의아한 얼굴로 물었다.

"하지만 이건 선배가 먼저 시작한 거잖아요? 나를 끌어들인 것도 선배였죠."

"그랬지. 하지만 이게 과연 잘한 일일까?"

그제야 파인만은 지난 일을 돌아보았다. 그는 분명 명확한 이유가 있어서 맨해튼 프로젝트에 참여했다. 로스앨러모스에 모인 연구자들 모두가 그랬다. 그들은 그 목표를 성취하기 위해 열심히 일했다. 그 성공의 열매는 짜릿하고 즐거운 쾌감을 안겨 주었다. 그러나 그들은 그 맛에 취해 생각하기를 멈춰 버린 것이었다.

단 한 사람, 밥 윌슨만은 그들과 달랐다. 그는 냉철한 이성의 힘으로, 원자폭탄이 몰고 올 무섭고 끔찍한 폭풍을 예감하고 있었다.

밥의 예감대로, 그들이 개발한 원자폭탄은 공포와 재앙을 불러왔다. 미국은 일본의 히로시마와 나가사키에 차례로 원자폭탄을 투하했다. 일본은 독일과 동맹을 맺고 제2차 세계대전에 참전한 상태였다. 그 결과 일본의 항복을 이끌어 내고, 연합국 측은 제2차 세계대전에서 승리했다. 그러나 원폭 투하로 10만 5,000여 명에 이르는 사람들이 목숨을 잃었다. 그리고 현재까지도 그 상처는 아물지 않고 있다. 그뿐 아니다. 이 폭탄은 지금도 세계 평화를 위협하는 중대한 요인으로 작용하고 있으며, 인류의 미래를 불안하게 하는 요인이기도 하다.

하지만 파인만은 처음에는 원자폭탄이 참혹한 재앙을 불러올 거라고 예상하지 못했다. 이는 파인만이 과학에 모든 열정을 쏟은 나머지, 인간의 문제를 탐구하는 인문학을 멀리해 온 탓도 있을 것이다. 젊은 시절부터 그는 시(詩)와 음악, 철학 등을 시시껄렁한 것으로 생각했다. 예술을 즐기고 철학적인 사색에 잠기며, 인문적인 교양을 쌓는 일에는 무관심했다. 그런 걸 시간 낭비쯤으로 여겼다. 그 때문에 특별한 상황에 처했을 때, 보다 폭넓은 사고를 하지 못했을 수도 있었다. 이때의 경험 때문인지, 파인만은 나중에 음악과 미술, 다른 인문학 분야에도 관심을 갖게 되었다.

또 그가 원폭의 위험을 간과했던 데에는 로스앨러모스에서 만난 수학자 존 폰 노이만의 영향도 작용했을 것이다.

파인만은 노이만과 함께 산책을 하며 얘기를 나누곤 했다. 파인만은 과학자로서 느끼는 사회적 책임감에서 벗어나지 못하고 있었다. 그때 노이만이 파인만에게 해 준 충고가 있었다.

"자네가 몸담고 있는 세계에 대해, 자네 행동에 대해 굳이 책임 지려고 할 필요는 없다네."

이 충고 덕분에 파인만은 막중한 책임감을 떨쳐 버릴 수 있었다. 그리고 이전보다 훨씬 가벼운 마음으로 연구에 임할 수 있었다. 노이만은 젊은 학자인 파인만이 좀 더 편안한 마음으로 일할 수 있도록 용기를 북돋워 주려고 했던 건지도 모른다. 그러나 결과적으로 노이만은 파인만이 정작 생각해야 할 문제를 간과하게 하고 만 셈이었다.

전쟁이 끝나고 나서야 파인만은 원자폭탄에 대해 우려하게 되었다. 과학이 원자폭탄 같은 무기 개발에 이용되었을 때 불러오게 될 참혹한 가능성이 그를 짓눌렀다. 그는 앞으로 인류의 미래가 어떻게 될지 가늠할 수조차 없었다. 자신이 그토록 사랑하고, 평생을 바치기로 결심한 과학이 그런 결과를 빚을 수도 있다는 생각에 잠을 이룰 수 없었다. 파인만은 급기야 심한 죄책감에 시달리게 되었다.

이 영향으로 파인만은 과학자로서의 책임에 대해 고뇌하게 되었다. 파인만은 1964년에 이탈리아에서 열린 갈릴레오 심포지엄에 강연자로 나선 적이 있다. 과학자를 대상으로 한 그 강연에서 그는 과학자로서의 책임 의식에 대해 이렇게 말했다.

"우리의 책임은 이렇습니다. 할 수 있는 일을 하고, 배울 수 있는 것을 배우고, 해결책을 개선하고, 그것들을 후대에 전하는 것. 미래의 인류에게 재량권을 주는 것, 그것이 우리의 책임입니다. 우리는 성급한 치기로, 오랫동안 인류의 성장을 저지할지도 모를 중대한 실수를 범할 수도 있습니다. 어리고 무지한 우리가 이미 해답을 가졌다고 자신하면 우리는 실수를 저지르게 될 것입니다. 모든 논의와 비판을 억압하고, '바로 이거야! 이것만이 인류를 구원할 수 있어!'라고 말한다면, 그리하여 인간을 오랫동안 권위의 사슬에 묶어 두고, 현재의 상상력에 울타리를 쳐 버리면 우리는 실수를 하고 말 것입니다……."

파인만은 과학자로서 언제나 의식적으로 깨어 있어야 한다고 역설했다. 독단과 확신을 버리고, 끊임없이 의심하고 회의하며 보다 나은 길로 나아갈 것을 강조했던 것이다. 원자폭탄 개발 계획에 참여한 경험은 그에게 떨쳐 내지 못할 고뇌를 안겨 주었다. 그 고뇌는 또 파인만을 철학하는 물리학자로 변모시키는 계기가 되어 주었다. 그때의 뼈아픈 경험이 그에게 사상의 깊이를 심어 준 것이다.

## 과학 발전의 양면성

전쟁은 인류의 세계관을 뒤흔들고 엄청난 후유증을 남겼다. 과학이 철학과 양심을 도외시한 채 전쟁의 한 수단으로 이용될 때 어떤 결과가 빚어지는가에 대한 실험적 본보기라 할 만하다. 이 문제로 인해 파인만은 심각한 철학적 고민에 잠기게 된다.

그러나 아이러니하게도 20세기의 인류 문화는 세계대전이 가져다준 과학적 성과에 그 기반을 두고 있다고 볼 수 있다. 두 차례에 걸친 세계대전은 실질적인 기술의 진보를 불러왔다. 각종 무기의 개발 경쟁은 과학의 여러 분야에 영향을 미쳤다.

우선 전쟁으로 인한 과학적 성과로 항공 기술의 발달을 들 수 있다. 제1차 세계대전이 시작될 무렵만 해도 시속 100킬로미터에 불과했던 비행기 속력이 전쟁이 끝날 무렵에는 120킬로미터까지 높아졌다. 1920년대에는 항공기가 미국 대륙을 횡단하는 역사적인 비행 기록을 남겼다.

아울러 통신 기술의 발달을 들 수 있다. 제1차 세계대전이 끝난 뒤에는 진공관 기술과 무전 기술의 혁신에 힘입어 라디오 정규 방송이 시작되었다. 파인만이 어린 시절에 라디오를 즐겨 들었던 이면에는 이러한 역사적 배경이 자리하고 있다.

제2차 세계대전은 더욱더 과학전의 양상을 띠었다. 독일은 로켓 개발에 몰두했으며, 미국은 원자폭탄을 제조했다. 영국은 무수한 레이더 무기로 독일의 공격을 막아 냈다. 레이더의 개발은 텔레비

전과 같은 정보통신 기술의 발달을 자극했고, 전자레인지와 같은 가전제품의 개발도 가능하게 했다. 독일의 로켓 기술은 우주 시대를 개막하는 신호탄이 되었다. 또 원자폭탄은 원자력 에너지에 대한 개발 가능성을 열어 주었다.

이렇듯 과학은 두 차례 대전을 거치면서 전쟁과 밀접한 관계망에 놓이게 된다. 그리고 보다 적극적인 국가의 지원과 보호를 받게 된다.

# 생활 속의 모험을 찾아서

# 즐기면서 하는 물리학

맨해튼 프로젝트에서 벗어난 파인만은 코넬 대학의 교수가 되었다. 그러나 원자폭탄 개발의 후유증으로 심각한 정신적 혼란에 시달리고 있었다. 그는 지독한 허무주의자가 되고 말았다. 뉴욕의 레스토랑에 앉아 창밖의 건물들을 바라보면서도 폭발 장면을 떠올리곤 했다.

'저 건물들은 여기서 얼마나 떨어져 있을까? 히로시마에 투하된 폭탄의 파괴 반경은 얼마였더라? 여기서 34번가까지는 거리가 얼마나 되지? 아마 거기에 폭탄이 떨어지면 저 건물들도 모두 박살이 나고 말 거야……'

길을 가다가 다리를 건설하는 사람들을 보면서도 허망한 기분에 잠겼다.

'저들은 지금 제정신이 아니야. 아무것도 모르고들 있어. 도무지 아무것도 이해하지 못하고 있다구. 왜 자꾸 새로운 걸 만들려 하지? 어차피 다 파괴되고 말 텐데…….'

코넬 대학에서 강의를 하면서도 파인만은 무기력감에서 벗어나지 못했다. 대학에서는 파인만에게 수리물리학 강의를 맡겼다. 수리물리학은 파인만이 가르치기에 아주 이상적인 과목이었다. 그가 로스앨러모스에서 했던 일이 많은 도움이 되었다.

그런데 파인만을 분노하게 만드는 일이 벌어졌다.

하루는 같은 대학의 교수가 찾아왔다. 그는 파인만과 철학적인 이야기를 나누고 싶다고 말을 꺼냈다. 그러면서 어떤 교수 클럽에 가입하라고 권유했다. 그가 말하는 클럽이란 히틀러의 유대인 말살 정책을 옹호하는 집단이었다. 그는 주요한 분야에서 유대인이 왕성하게 활동하는 걸 막아야 한다고 주장했다. 파인만은 분노가 치밀었다. 교수라면 최고의 지성인이 아닌가? 책임 있는 지성인이어야 할 사람이 저런 무서운 사상을 행동으로 옮기려 하다니…….
파인만은 일단 그가 말을 끝낼 때까지 기다렸다. 그리고 그가 말을 마치자마자 이렇게 말했다.

"당신은 지금 내게 큰 실수를 하고 있는 거요. 나는 유대인 가정에서 나고 자란 사람이오."

그 일로 파인만은 다른 교수들과 불화를 겪게 되었다. 그 때문에 무력감은 바닥 모르게 깊어만 갔다.

파인만은 수리물리학 외에 전자기학도 가르치게 되었다. 그리고 맨해튼 프로젝트에 참가하게 되면서 잠시 접어 둔 연구도 차츰 다시 시작했다. 그러나 좀처럼 연구에 몰입할 수가 없었다. 파인만은 하도 답답한 나머지 밖으로 나가 여자들에게 수작을 걸어 보기도 했다. 그러나 다시 연구실로 들어와도 여전히 집중이 되지 않았다. 도무지 연구에 흥미가 나지 않았고, 피로감만 더할 뿐이었다. 그런 일이 몇 년 동안이나 계속되었다. 어떤 연구도 손에 잡히지 않았다. 감마선(방사성 물질에서 나오는 방사선)에 대한 문제에 대해 한두 줄 써 놓고 도저히 계속할 수 없어 포기한 적도 있었다. 파인만은 전쟁과 아내의 죽음으로 완전히 지쳐 있었던 것이다.

그런 중에도 파인만은 나름대로 강의에 최선을 다했다. 강의 준비를 위해 도서관에 자주 들렀다. 강의를 하고, 시험문제를 작성하고, 그 문제가 적합한지 점검하는 것은 생각보다 고된 일이었다. 그래도 파인만은 강의 준비에 열성을 다했고, 강의마다 혼신의 힘을 다했다. 그러자 여러 대학과 산업체에서 코넬 대학보다 높은 연봉을 제시하며 파인만을 불렀다. 그러나 파인만은 거기에 응할 수가 없었다. 그는 이미 모든 의욕을 상실해 버린 상태였다. 폭탄 개발에 참여했다는 죄책감이 그를 괴롭혔다. 아내를 잃은 상실감도 그의 가슴을 억눌렀다.

　그러던 중 고등 학문연구소에서 뜻밖의 편지를 보내 왔다. 거기서도 파인만을 교수로 초빙하고 싶다는 뜻을 밝힌 것이다. 고등 학문연구소라면 아인슈타인, 폰 노이만, 와일 같은 거물 학자들이 모여 있는 곳이었다. 하지만 그곳은 너무 이론에 치우쳐 있었고, 실험 연구와 실질적인 도전이 부족했다. 그쪽에서도 그걸 알고 파격적인 대우로 파인만을 초빙하려는 것이었다. 편지에는 이렇게 쓰여 있었다.


　우리는 당신이 실험과 강의에 상당한 관심을 기울이고 있다는 걸 잘 알고 있습니다. 그 점을 고려해 특별히 거기에 맞는 자리를 준비했습니다. 당신이 원한다면, 프린스턴 대학 교수와 우리 고등 학문연구소 교수의 겸직을 제안합니다.


두 곳의 교수직을 겸할 수 있다니……. 정말 파격적인 조건이었다. 아인슈타인보다 더 좋은 조건을 제시받은 것이다. 그것은 파인만에게 아주 이상적이었고, 완벽에 가까운 직위였다. 그러나 파인만은 그런 제의가 부담스럽기도 했다. 그런 파격적인 제의는 그들이 파인만에게서 어떤 성과를 얻어 내려 한다는 의미이기 때문이었다. 무력감에 젖어 있는 파인만으로서는 그 기대를 충족시켜 줄

수가 없는 형편이었다. 파인만은 면도를 하다가도 혼잣말을 하곤
했다.

'이건 정말 어리석은 제안이야.'

입가로 실실 웃음이 배어 나오기도 했다. 그는 생각을 거듭했다.

'그들은 내 능력에 환상을 품고 있는 게 분명해. 하지만 내가 왜
그들이 기대하는 걸 들어줘야 하지? 내게 그럴 의무는 없어. 그리
고 고등 학문연구소에서 나를 그렇게 높게 평가한 것도 내 잘못은
아냐. 그들이 잘못 판단한 거지. 아마 코넬 대학에서 나를 교수로
임용한 것도 판단을 잘못 내린 걸 거야.'

파인만은 이전의 패기와 열정, 자신감을 완전히 잃어버린 상태
였다. 그런데 며칠 뒤, 그런 무기력의 바다에서 파인만을 건져 올린
사람이 있었다.

코넬 대학의 실험실 책임자였던 밥 윌슨이 파인만을 사무실로
불렀다. 그가 심각한 목소리로 말했다.

"파인만 교수, 자네 요즘 왜 그러나? 자넨 강의를 썩 잘하고 있
어. 우리는 아주 만족하고 있다네. 우리가 교수를 채용할 때는 이미
모든 위험을 고려하지. 뭐 결과가 좋다면 그걸로 좋은 거고, 안 좋
을 수도 있는 거 아니겠나? 그러니 자네는 잘하고 못하고를 스스로
걱정할 필요는 없단 말일세."

밥은 파인만의 방황이 안타깝게 여겨졌던 모양이다. 자신이 파

인만을 맨해튼 프로젝트에 끌어들였다는 사실에 자책감을 느꼈는지도 모른다. 파인만은 밥의 충고가 고마웠다. 그 말에 약간의 위안과 용기를 얻었다. 그리고 심한 죄책감에서도 서서히 벗어날 수 있었다.

긴 방황에서 놓여난 파인만은 예전처럼 물리학 연구를 즐기면서 할 수 있게 되었다.

며칠 뒤 파인만이 식당에 갔을 때 한 친구가 장난치듯 접시를 공중으로 던져 올리고 있었다. 접시는 허공에서 좌우로 흔들리며 날아올랐다. 접시에 찍힌 코넬 대학 로고가 보였다. 로고는 접시의 흔들림보다 더 빨리 움직이고 있는 것 같았다.

파인만은 회전하는 접시의 운동에 대해 생각해 보았다. 그 결과 각도가 작으면 로고의 회전이 접시의 좌우 흔들림의 두 배가 된다는 사실을 발견했다. 그것은 복잡한 방정식으로 얻어 낸 결과였다. 파인만은 생각을 발전시켜 물체가 운동할 때 가속도가 어떻게 균형을 이루며 2대 1의 비율을 이루는지 밝혀냈다. 파인만은 곁에 있던 한스 베테 교수에게 말했다.

"교수님! 제가 흥미로운 걸 발견했는데요."

"뭐 말인가?"

파인만은 가속도의 균형에 대해 설명했다. 듣고 있던 한스 교수는 시큰둥한 태도로 말했다.

“파인만 교수, 흥미롭긴 하네만, 그게 그렇게 중요한 일인가? 왜 그런 걸 계산하지?”

파인만이 대답했다.

“물론 전혀 중요하진 않습니다. 뭐 그냥 재미로 해 본 거죠.”

파인만은 한스 교수의 반응에 실망하지는 않았다. 그는 자기가 하고 싶은 걸 하면서 물리학을 즐기기로 작정했기 때문이다.

파인만은 요동 방정식 연구에 매달렸다. 그리고 상대성 이론에서 전자궤도(고전 양자론에서 전자가 궤도를 그리며 원자핵 주위를 운행하는 걸 일컫는 말. 궤도함수라고도 한다)가 어떻게 움직이는지에 대해서도 생각해 보았다. 그것은 파인만이 저술한 논문의 주제로, 양자전기역학과도 관련이 있는 분야였다.

파인만은 연구를 즐겼다. 그러면서도 남들이 보기에는 쓸데없어 보이는 일을 해결하는 데 많은 시간을 보냈다. 그는 자신의 모든 업적은 그렇게 시간을 낭비한 데서 나온 거라고 말했다. 파인만은 일상생활 속에서 얼마든지 물리학적 탐구를 끌어낼 수 있는 사람이었다. 그렇게 놀이라도 하듯, 물리학을 통해 정신적인 유희를 즐기며 자신의 위대한 업적을 일궈 낸 것이다.

# 브라질, 축제, 삼바

코넬 대학에 있을 때 파인만은 메리 루를 만나 사귀었다. 파인만은 한동안 그녀를 무척 좋아했다. 그러나 두 사람은 자주 말다툼을 했다. 두 사람은 서로 간의 관계에 희망이 없다는 것을 깨달았다. 그래서 결국 헤어지기로 했다. 아내의 죽음 뒤에 모처럼 찾아온 사랑은 이렇게 끝나고 말았다.

파인만이 생활 속의 모험을 찾아 즐기며, 술집과 댄스클럽에 자주 드나들었던 것도 외로움 때문이었을 것이다. 그는 버펄로의 한 술집에서 덩치 큰 사내와 한바탕 싸움을 벌이기도 했다. 그는 연구에 몰입하다가도 일단 일을 마치면, 흥미로운 술집이나 나이트클럽에서 시간을 보냈다.

파인만은 항상 새로운 즐거움, 새로운 모험을 찾아다녔다. 한번은 모르는 사람을 자동차에 태운 적이 있었다. 그는 파인만에게 남미에 가면 재미있는 볼거리가 많다고 했다. 그래서 파인만은 남미에 가 보기로 작정했다. 그런데 언어가 문제였다. 파인만은 우선 스페인어를 배우기로 했다. 남미에는 대부분의 나라들이 스페인어를 사용하기 때문이었다.

스페인어를 배우던 중 파인만은 뉴욕의 물리학회 모임에 참석하게 되었다. 파인만 옆자리에는 브라질 출신의 지미 타마로가 앉아 있었다. 지미가 물었다.

"이번 여름에 무슨 특별한 계획이라도 있습니까?"

"남미에 가 볼까 합니다."

그러자 지미가 기쁜 얼굴로 말했다.

"와, 그래요? 그럼 브라질로 오시죠. 제가 물리학 연구 센터에 자리를 주선해 보겠습니다."

파인만은 브라질로 떠날 준비를 하였다. 그런데 또 문제가 생겼다. 브라질에 가기 위해선 이제껏 배워 온 스페인어를 포르투갈어로 바꿔 배워야 했다. 파인만은 코넬 대학의 포르투갈어 전공 대학원생을 찾아가 일주일에 두 번씩 강의를 들었다.

1949년 여름, 드디어 파인만은 브라질행 비행기에 올랐다. 리우데자네이루(보통 줄여서 '리우'라고 부른다) 공항에 도착하자, 물리학 연구 센터 소장인 케자르 라테스가 마중 나와 있었다. 센터에 도착한 파인만은 강의 시간을 오전으로 할지 오후로 할지 고민했다. 라테스가 말했다.

"학생들은 주로 오후 강의를 좋아한답니다."

"그럼 오후로 할까요?"

그러나 라테스는 고개를 흔들며 말했다.

"하지만 해변은 오후가 더 좋습니다. 그러니 차라리 오전에 강의를 하시고, 오후에는 해변에서 시간을 보내는 게 좋을 겁니다."

"하지만 학생들이 오후 강의를 좋아한다면서요?"

"그건 상관하지 마시고, 선생님 좋으실 대로 하세요."

파인만은 브라질에서의 삶의 방식이 그동안 자기가 살아왔던 곳과는 많이 다르다는 걸 깨달았다. 브라질에서는 절대 서두르는 법이 없었다. 더운 나라에서 사는 사람들 특유의 기질 때문인 것 같았다. 파인만도 브라질 방식을 좇기로 했다. 그는 오전 강의를 하고, 오후에는 코파카바나 해변을 거닐며 남미의 타오르는 태양과 쪽빛의 바다를 즐겼다.

파인만은 무엇보다 브라질의 전통음악인 삼바 음악을 즐겼다. 파인만은 미국 대사관 직원 한 사람을 알고 있었는데, 그와 삼바 음악에 대한 얘기를 나눌 기회가 있었다. 그 직원은 자신의 아파트에 모여 매주 삼바 연주를 하는 그룹이 있다고 했다. 파인만은 그 연주

모임에 참석하고 싶다고 말했다. 그러자 직원이 파인만을 초청해 주었다.

연주 연습이 있던 날, 파인만은 대사관 직원이 사는 아파트로 갔다. 안에 들어서자, 서너 사람의 연주자들이 모여 있었다. 그중 한 사람은 아파트 경비를 맡고 있는 사람이라고 했다. 한 연주자는 탬버린을 들고 있었고, 또 다른 사람은 작은 기타를 연주하고 있었다. 탬버린 주자는 손목을 비틀면서 엄지로 소리를 내는 독특한 연주법을 선보였다. 파인만은 그 연주법에 흥미를 느꼈다. 그래서 탬버린 연주를 배워야겠다고 마음먹었다.

해마다 브라질 전체를 열광으로 몰아넣는 리우 축제가 성큼 다가오고 있었다. 리우 축제는 세계 3대 축제 중 하나로 삼바 음악과 춤의 향연이 벌어지는 행사이다. 이 연주 그룹도 축제 준비를 하고 있는 중이었다. 알고 보니 아파트 경비원 연주자는 코파카바나 해변의 작은 삼바 그룹의 작곡가로 활동하고 있었다. 이 그룹의 이름은 '파르산테스 데 코파카바나'였는데, '코파카바나에서 온 사기꾼'이라는 의미였다. 파인만은 그 그룹에 들어가고 싶다는 뜻을 내비쳤다. 작곡가는 선뜻 받아들였다.

'사기꾼' 그룹은 빈민가의 아파트 공사장에 모여 새로운 음악을 연습했다. 파인만은 '프리지데이라'라는 악기를 선택했다. 그것은 지름이 15센티미터쯤 되는 장난감 프라이팬처럼 생겼는데, 작은 금속 막대로 두드려 연주하는 악기였다. 가볍고 빠른 장단으로 삼바 음악의 큰 줄기를 따라가는 보조 악기라고 할 수 있었다.

파인만은 열심히 연습에 임했다. 연주가 시작되었다. 모든 흐름이 제대로 돌아가는 듯 보였다. 그러나 그게 아니었던 모양이다. 그룹의 리더 역할을 하고 있는 덩치 큰 흑인이 버럭 화를 내며 외쳤다.

"그만, 멈춰!"

갑자기 조용해졌다. 연주자들 사이에 긴장감이 감돌았다. 리더가 파인만 쪽을 노려보며 말했다.

"프리지데이라가 엉망이잖아. 또 저 미국인이 말썽이야."

파인만은 자존심에 상처를 입었다. 그래서 오기가 발동했다. 파인만은 연습을 거듭했다. 해변을 걸으면서도 막대기로 손목을 비틀어 치는 연습을 했다.

축제 날짜는 점점 가까워졌다. 어느 날 저녁, 밴드의 단장과 단원들이 모여 대화하는 자리가 있었다. 지휘자가 몇 사람의 연주자를 지목했다. 파인만도 지목되었다. 파인만은, 이제 쫓겨나는구나, 하고 생각했다. 지휘자는 지목한 연주자들에게 낡은 캐딜락 컨버터블에 타라고 지시했다. 파인만은 옆자리의 연주자에게 물었다.

"우린 어떻게 되는 거지? 쫓겨난 건가?"

그는 고개를 흔들어 대며 모른다고 대답했다. 캐딜락이 도착한 곳은 바다가 내려다보이는 벼랑이었다. 단장이 내리라고 말했다.

그는 연주자들을 벼랑 쪽으로 데려갔다. 그러고는 줄을 서게 했다.

"자, 줄을 서라구. 트럼펫이 맨 앞으로 나오고, 다음은 기타……. 자, 이제 연주를 하면서 행진하도록!"

연주자들은 경사가 심한 곳을 피해 행진하며 연주했다.

그들이 행진해 간 곳은 숲 속의 야외 파티 장소였다.

단장은 삼바 음악을 원하는 개인의 파티에

연주자들을 뽑아 데려간 것이었다.

단장은 파인만을 프리지데이라 연주자로 결정한 것이다. 며칠 뒤에 다른 삼바 그룹의 연주자가 찾아왔다. 단장이 물었다.

"자넨 어떤 악기를 연주하지?"

"프리지데이라요."

"좋아. 어디 한번 연주해 봐."

연주가 시작되었다. 그러나 단장은 마음에 들지 않는 눈치였다. 그는 파인만을 가리키며 말했다.

"저기 미국인 보이지? 저 사람한테 좀 배우라구."

사실 파인만의 연주가 특별히 뛰어난 것은 아니었다. 그러나 파인만은 프리지데이라 연주의 색다른 맛을 낼 줄 알고 있었다. 그렇게 해서 파인만은 성공적인 프리지데이라 연주자로 뽑혔던 것이다.

축제를 며칠 앞두고 파인만의 패거리는 거리 행진에 참여하기로 했다. 거리는 자동차들로 혼잡한 상황이었다. 행진이 시작되었다. 구경꾼들이 모여들었고, 집집마다 사람들이 창밖을 내다보았다. 거리가 소란스러워지자 경찰이 나타났다. 그러나 놀랍게도 경찰은 연주자들을 가만 내버려 두고, 자동차들이 연주를 방해하지 못하도록 통제하기 시작했다. 연주 그룹은 시내를 멋대로 행진하며 연주할 수 있었다. 구경꾼들 중에는 너무 열광한 나머지 울먹이기까지 하는 사람도 있었다.

드디어 4일 동안 펼쳐지는 리우 축제의 첫날이 밝아 왔다. 정열과 자유의 음악 삼바, 토플리스 차림으로 흔들어 대는 댄서들의 몸동작……. 도시 전체가 온통 삼바의 열기로 들썩거렸다. 브라질 사람들은 1년 내내 리우 축제를 준비하며 즐긴다고 말할 수 있을 정도로 이 축제에 모든 열정을 바친다. 파인만도 삼바의 격정적인 정열 속으로 자연스럽게 녹아들어 갔다. 사실 파인만도 누구 못지않은 열정의 소유자였다. 그래서인지 남미 특유의 민족적 기질과 밤낮없이 흥분의 도가니를 연출하는 축제의 분위기를 마음껏 즐겼다.

프리지데이라 연주를 익히고 연주하며, 축제의 향연을 즐기면서도 파인만은 6주 동안의 강의를 무리 없이 이어갔다. 강의를 하면서 그는 포르투갈어를 좀 더 배우지 못한 걸 후회했다. 강의 중에 학생들이 포르투갈어로 자신들의 연구를 설명하면 도무지 알아들을 수가 없었다.

파인만은 브라질 과학 아카데미 초청으로 양자전기역학에 대한 세미나를 하게 되었다. 파인만은 엉터리 포르투갈어로 강연의 초안을 작성했다. 센터의 두 학생이 강연 원고를 다듬어 주었다. 파인만은 학생들과 함께 읽어 나가며 완벽하게 발음을 교정했다.

학회의 첫 번째 강연자로 나선 사람은 화학자였다. 그는 영어로 강연을 했다. 그러나 파인만은 그의 발음이 너무 엉망이어서 좀체 알아들을 수가 없었다. 다음 강연자가 나섰다. 그런데 그도 영어를 쓰는 것이 아닌가?

파인만 차례가 되었다. 그는 강연에 들어가기 전에 이렇게 말했다.

"죄송합니다만, 저는 브라질 아카데미의 공식 언어가 영어인 줄은 미처 몰랐습니다. 그래서 저는 강연을 영어로 준비하지 못했습니다. 큰 실례인 줄은 압니다만, 저는 포르투갈어로 강연을 할 수밖에 없겠군요. 여러분께서 이해해 주셨으면 합니다."

청중은 웃음과 환호로 맘껏 박수를 쳐 주었다. 파인만은 준비한 원고를 읽어 나갔다. 모두 그 내용에 만족한 표정이었다. 다음 강연자도 미국인이었다. 그가 말했다.

"저도 미국에서 온 제 동료처럼 포르투갈어로 하겠습니다."

파인만의 포르투갈어 강연을 계기로, 영어로 강연을 했던 브라질 과학 아카데미의 전통이 바뀌게 되었다.

파인만은 브라질의 모든 것이 마음에 들었다. 그래서 1년 뒤에 다시 브라질에 갔다. 이번에는 리우 대학에서 강의를 하게 되었다. 그는 코파카바나의 바닷가에 위치한 미라마르 호텔에서 지냈다. 호텔에는 팬 아메리칸 항공사의 스튜어디스와 조종사들도 머무르고 있었다. 파인만은 그들과 가깝게 지내게 되었다.

파인만이 느끼기에 항공사 직원들은 이상하게도 삶에 권태를 느끼고 있는 것 같았다. 그들은 밤이면 바에서 자주 술을 마셨다. 파인만은 그들과 어울리는 것을 좋아했다. 그들과 어울려 일주일에 몇 번씩 바에서 술을 마시며 시간을 보냈다.

다시 코넬 대학으로 돌아갈 날이 가까워 올 무렵, 스튜어디스 한 사람과 함께 박물관에 가게 되었다. 땋은 머리를 한 미모의 스튜어디스였다. 그녀와 함께 박물관을 관람하면서 파인만은 갑자기 메리 루가 그리워졌다. 그녀가 정말 좋은 여자였다는 생각이 들었다. 무엇 때문에 그토록 말다툼을 했는지 후회스러웠다.

미국으로 돌아온 파인만은 메리에게 편지를 보내 결혼하자고 했다. 한 친구가 그렇게 성급하게 결정하는 것은 현명하지 못하며, 어떤 결과도 예측할 수 없는 위험한 일이라고 말렸다. 그래도 파인만은 자기 생각대로 그녀와 두 번째 결혼을 했다. 그러나 그들의 말다툼은 얼마 가지 않아 다시 시작되었다. 결국 둘의 결혼 생활은 2년 만에 막을 내리고 말았다.

# 과학이 없는 과학 교과서

브라질에서 지내는 동안 파인만은 한 대학에서 한 학기 동안 강의를 했다. 학기가 끝나 갈 무렵, 학생들이 브라질에서의 강의 경험에 대해 말해 달라고 요청했다. 그 자리에는 학생들뿐 아니라 교수와 정부 관리들도 참석해 있었다. 파인만은 솔직하게 말해도 되겠느냐고 물었다. 모두들 좋다고 대답했다. 파인만은 무언가 결심한 듯 단호한 목소리로 말을 꺼냈다.

"좋습니다. 여기는 자유국가니까요."

일순 강의실에 긴장감이 감돌았다. 파인만은 먼저 1학년용 기초 물리학 교재를 들어 보였다. 그 책의 저자도 거기에 와 있었고, 모두 훌륭한 교재로 인정하고 있는 책이었다. 파인만은 '과학이란 모든 자연 현상을 이해하는 것'이라고 정의를 내리면서 자신이 하고 싶었던 말을 이었다.

"제가 이 강연을 하는 목적은 바로, 브라질에는 과학이 없다는 것을 알리고 싶어서입니다."

사람들이 술렁거렸다.

"무슨 소리야? 과학이 없다고? 이거 완전히 미친 소리 아냐?"

파인만은 그들이 교재로 사용하는 기초 물리학책을 들어 보였다.

"이 책에는 실험 결과가 전혀 나와 있지 않습니다. 이 책에 나와 있는 실험 결과가 하나 있긴 하지만, 그것은 가짜입니다. 만약 실험을 해 봤다면, 절대 그런 결과가 나올 수 없지요."

사람들의 웅성거림이 점점 높아 갔다. 파인만은 그걸 무시한 채 계속 말을 이었다.

"여러분이 훌륭한 교재라고 믿고 있는 이 책에도 과학이 없습니다. 그저 암기만 있을 뿐이죠. 제가 이 교과서를 아무 데나 펴서 왜 그게 암기일 뿐인지 이유를 말하겠습니다."

파인만은 아무 페이지나 들춰내 손가락으로 짚으며 읽어 나갔다.

"마찰 형광. 마찰 형광이란 결정체가 부서질 때 빛이 방출되는 것을 말한다. 자, 이 말에 과학이 있다고 믿으십니까? 제가 보기엔, 단연코 없습니다. 여기에는 자연현상에 대한 언급이 전혀 없습니다. 대체 어떤 결정체가 부서지면서 마찰 형광을 내는지, 왜 빛이 나오는지에 대한 설명이 없는 것입니다. 혹시 학생들이 집에서 실험을 하는 걸 보신 적이 있습니까? 아마 없을 겁니다. 이런 내용으로는 실험을 유도할 수 없습니다."

파인만은 청중의 반응을 한 번 살핀 뒤 다시 입을 열었다.

"이렇게 설명을 해 보면 어떨까요? 캄캄한 방에서 설탕 덩어리를 망치로 내리치면 파란 빛이 난다. 몇 가지 다른 결정체에서도 같은 현상이 일어난다. 왜 그런 현상이 일어나는지는 아무도 모른다. 이런 현상을 마찰 형광이라고 한다. 어떻습니까? 그럼 누구라도 집에서 실험을 해 볼 수 있겠지요? 그렇게 되면 자연현상에 대한 경험 한 가지를 알게 되는 겁니다. 바로 이런 게 제가 말하고자 하는 과학이지요."

파인만은 암기와 지습만으로 이루어지는 교육 현실에서는 오직 시험에 합격할 수 있는 방법만 가르칠 수 있을 뿐이라고 말했다.

"하지만 그런 교육으로는 진짜 과학을 하는 사람을 길러 낼 수 없습니다."

강연이 끝난 뒤 과학교육부 책임자가 일어나서 말했다.

"파인만 씨는 우리가 참으로 듣기 거북한 말씀을 해 주셨습니다. 그의 비판에는 진심이 담겨 있습니다. 따라서 우리는 그의 말을 경청해야 한다고 생각합니다. 그의 말을 듣고 나서야 저는 우리의 교육 체계가 병을 앓고 있다는 걸 깨달았습니다. 우리의 과학 교육은 현재 암에 걸려 있습니다.”

교육부 책임자가 말을 마치고 자리에 앉자, 다른 사람들도 일어나 한마디씩 제안을 했다. 모두 파인만의 비판을 수긍하는 분위기였다. 그 자리에서 잘못된 교육을 개선해 나갈 위원회가 조직되었다.

# 직업 도박사의 비결

파인만은 여름마다 태평양까지 가기 위해 자동차로 미국을 횡단하곤 했다. 횡단 도중에 라스베이거스에 자주 들렀다. 그는 라스베이거스의 분위기가 마음에 들었다.

라스베이거스는 도박의 도시이다. 그래서 호텔들은 그곳을 찾은 사람들에게 쇼와 식사를 거의 무료로 제공한다. 예약도 필요 없으며, 그냥 뚜벅뚜벅 걸어 들어가 아무 데나 앉아 쇼와 식사를 즐기면 되는 것이다. 대학교수의 신분으로 도박과 환락의 도시인 라스베이거스를 드나드는 일은 사람들의 손가락질을 받을 만한 행위일 것이다. 그러나 파인만은 그런 주위의 편견 어린 시선 따위에는 아랑곳하지 않았다. 그저 자신의 몸과 마음이 이끄는 대로 움직이며 행동하는 것, 그것이 파인만 나름의 원칙이었다. 어쩌면 그런 다양한 경험의 폭이 그를 누구보다 돋보이는 물리학자로 부각시키는 데 중요한 요인이 되었을 것이다.

파인만은 라스베이거스의 쇼걸들과도 곧잘 어울렸다. 대부분의 사람들은 그런 일을 하는 여자들에게 그릇된 선입견을 갖고 있게 마련이다. 그러나 파인만은 그런 선입견을 거부하는 인물이었다. 자기 마음에 들면 그만이었다.

파인만이 만나 본 쇼걸 중에는 이스턴 대학 학장의 딸도 있었다. 그녀는 춤에 재능이 많았다. 무엇보다 춤추는 걸 즐기는 여자였다. 여름휴가 기간 동안 무용수 일을 하려고 했는데, 자리가 없어 임시로 라스베이거스의 쇼걸로 일하고 있다고 했다.

쇼걸들은 모두 친절하고 아름다웠다. 파인만은 아름다운 여자들과 교류하는 걸 즐겼다. 사실 그가 라스베이거스에 자주 들렀던 이유도 도박을 하기 위해서라기보다는 그 아름다운 쇼걸들 때문이었다.

라스베이거스에 처음 갔을 때 파인만은 도박에서의 승률을 따져 본 적이 있었다. 주사위 게임의 승률은 0.493 정도였다. 그리고 1달러를 내면 1.4센트의 수수료를 내게 되어 있었다. 그러자 이런 생각이 들었다. '뭐 때문에 도박하는 걸 머뭇거리지? 비용도 거의 들지 않잖아?' 그런 생각으로 파인만도 도박을 직접 해 보았다. 그러나 금방 5달러를 연속으로 잃었다. 그 뒤로 다시는 자기 돈으로 도

박을 하지 않았다. 그래서 처음 도박을 시작하자마자 돈을 잃은 걸
오히려 행운이라고 여겼다.

하루는 한 쇼걸과 점심 식사를 하고 있었다. 조용한 오후였고, 사
람들도 별로 보이지 않았다. 그녀가 말했다.

"저기 잔디밭을 걷고 있는 사람 보이나요? 직업 도박사죠."

파인만은 어떻게 직업 도박사가 될 수 있었는지 궁금해했다. 그러
자 그녀가 도박사를 불러 파인만에게 소개했다. 파인만이 물었다.

"어떻게 도박으로 먹고살 수 있는지 궁금하군요. 주사위 게임의
승률은 0.493밖에 되지 않던데 말입니다."

도박사가 대답했다.

"맞습니다. 제가 설명해 드리죠. 저는 판에다 돈을 걸지 않습니
다. 확률이 제 뜻대로 나올 때만 돈을 거는 거죠."

파인만은 아무래도 의심쩍었다.

"그런데 어떻게 확률이 당신 뜻대로 나올 수 있죠?"

"아주 쉽습니다. 판 주위에 서 있으면, 막 돈을 걸려고 하는 사람
중에서 이렇게 말하는 사람이 있죠. '9가 나올 거야, 틀림없어.' 그
는 너무 흥분한 나머지 9가 나올 거라고 확신하고, 그 숫자에 돈을
걸려고 하죠. 그런데 저는 모든 숫자에 대한 확률을 알고 있습니다.
그래서 그에게 말하죠. 나라면 네 번 중에 세 번은 9가 아니라는 쪽
에 걸겠소. 결국 그와 내기를 하게 되고, 거기서 제가 이기는 거죠.

그렇게 저는 판에 돈을 걸지 않고, 행운의 숫자에 대한 미신을 갖고 있는 사람들과 내기를 하죠. 그게 바로 저만의 비결이랍니다.”

“그런 사람들이 많나요?”

“그런 편이죠. 그런 사람들 덕분에 저는 꽤 알려진 도박사가 되었습니다. 그리 어렵지 않은 일이죠. 사람들은 확률이 별로 좋지 않게 나올 때도 저와 내기를 하려고 하거든요. 어쩌다 자기가 이기기라도 하면, 유명한 도박사인 저를 이겼다며 무용담을 늘어놓을 수 있기 때문에 그러는 겁니다. 그런 인간의 허영심 때문에 제가 도박으로 먹고살 수 있는 거랍니다. 어때요? 멋진 일이죠?”

파인만은 진정으로 직업 도박사의 재능에 감탄했다. 파인만은 그에게 자기만의 직업적 비밀을 들려줘서 고맙다고 말했다. 그를 통해 파인만은 인간에 대한 이해의 폭을 넓힐 수 있었다.

# 파인만 모셔 가기 경쟁

파인만은 바처 교수의 초대로 캘리포니아 공과대학에 몇 번 간
적이 있었다. 바처 교수는 한때 코넬 대학에서 강의했던 교수였다.
바처는 파인만이 좋아하는 것을 잘 알고 있었다. 마치 파인만의 속
마음을 훤히 들여다보고 있는 사람 같았다. 그가 말했다.

"파인만, 내가 자동차를 빌려줄 테니, 그걸 타고 할리우드나 선
셋 대로에 가 보라구."

파인만은 바처 교수가 빌려준 차를 몰고 매일 저녁 선셋 대로를
달렸다. 그리고 나이트클럽과 술집을 오가며 밤의 모험을 즐겼다.
그러면서 차츰 캘리포니아 공과대학에서 일하고 싶다는 생각을 하
게 되었다. 그 대학에서 교수로 일하게 되면, 언제든 선셋 대로를

달릴 수 있기 때문이었다. 바처는 파인만에게 그런 모험 기회를 제공해서 캘리포니아 공과대학에 흥미를 갖도록 유도했던 것이다.

파인만은 코넬 대학보다 좋은 조건으로 캘리포니아 공과대학에 초빙되었다. 그러자 코넬 대학에서도 더 좋은 제안을 해 왔다. 파인만이 계속 그곳에 남아 있도록 하기 위해서였다. 그래서 파인만은 그냥 코넬 대학에 있기로 마음먹었다. 그러자 다시 캘리포니아 공과대학에서 더 좋은 조건을 제시했다. 파인만은 결국 캘리포니아 공과대학으로 옮기기로 했다.

파인만은 1951년부터 캘리포니아 공과대학에서 강의하게 되었다. 그곳에는 최고를 자부하는 학자들이 많았다. 파인만은 그곳의 교수들과 말이 잘 통했고, 불편함 없이 지낼 수 있었다.

그런데 학교를 옮긴 지 얼마 되지 않아 심각한 스모그 현상이 캘리포니아를 뒤덮었다. 지독한 스모그 때문에 파인만은 견디기 힘들 정도로 눈이 따끔거렸다. 눈물이 자꾸만 나와서 닦아 내기 바쁠 지경이었다. 그 때문에 파인만은 다시 코넬 대학으로 돌아가고 싶어졌다. 파인만은 괴로운 심정으로 중얼거렸다.

"내가 어쩌다 이 도시로 오게 된 거지? 이건 완전히 미친 짓이야. 다시 코넬로 돌아가야겠어. 여기서 얼른 빠져나가야 해."

파인만은 코넬 대학으로 전화를 걸었다. 그리고 지금이라도 돌아갈 수 있는지 물어보았다. 그쪽에서는 무조건 환영이었다.

"물론이죠. 잘 생각하셨습니다. 바로 준비를 한 다음, 내일 전화 드리겠습니다."

그런데 다음 날 파인만의 결심을 뒤흔드는 중대한 과학적 성과가 발견되었다.

파인만이 사무실로 가고 있는데, 누군가가 바삐 달려와서 말했다. 무척 흥분된 목소리였다.

"리처드, 소식 들었어?"

"무슨 소식?"

"바데가 별의 밀도가 다르다는 걸 발견했대. 우주의 나이는 우리가 생각해 온 것보다 두 배, 세 배, 아니 네 배가 많을 수도 있다는 거야."

그게 사실이라면 정말 대단한 과학적 발견이었다. 파인만은 가슴이 훤히 트이는 걸 느꼈다. 그리고 흥분으로 가슴이 벅차올랐다. 우주 공간 깊숙한 곳에 숨겨져 있던 수수께끼 하나가 드디어 풀린 것이다.

당시에는 지구가 우주보다 더 오래 되었다고 믿고 있었다. 지구 나이는 45억 년으로, 우주 나이는 20~30억 년쯤으로 생각하던 시대였다. 왜 그런지는 밝혀지지 않아서, 학자들에게 꼭 풀어야 할 숙제로 남아 있었다. 그런데 그 과제를 바데라는 학자가 풀어낸 것이다.

파인만이 자기 사무실에 도착하기 전에 또 다른 학자가 뛰어와 새로운 소식을 전했다. 생물학자 매트 메셀슨이었다. 그는 최초로 밀도구배 원심분리기를 만든 학자였다. 그가 말했다.

"교수님, 제가 개발한 원심분리기로 DNA의 밀도를 측정해 냈어요. 제 실험 결과를 들어 보시겠어요?"

매트 역시 중대한 연구 업적을 일궈 낸 것이다. 파인만은 비로소 캘리포니아 공과대학이야말로 자신이 있을 곳이라는 사실을 깨달았다. 여러 과학 분야에서 뛰어난 연구 성과를 내고 있는 학자들과 교류하는 것은 파인만이 오래전부터 바라던 일이었다. 캘리포니아 공과대학에는 어느 대학보다 뛰어난 학자들이 많았다.

사정을 알 리 없는 코넬 대학에서 파인만에게 전화를 걸어 왔다. 담당자는 모든 준비가 끝났으니 어서 오라고 말했다. 파인만은 먼저 미안하다고 사과한 다음, 사정을 말했다.

"죄송합니다. 다시 여기에 남기로 생각을 바꿨습니다."

담당자는 무척 아쉬워했다. 그러면서 다시 와 줄 수 없겠느냐고 부탁했다. 그러나 파인만은 그럴 생각이 전혀 없었다. 이제 어떤 일이 닥쳐도 다시는 마음을 바꾸지 않을 결심이었다.

캘리포니아 공과대학에 있을 때, 시카고 대학에서도 파인만을 데려가려고 찾아온 적이 있었다.

어느 날 시카고 대학에서 두 사람이 찾아왔다. 처음에 파인만은 그들이 무슨 이유로 찾아왔는지 알 수 없었다. 그들은 한참 동안 시카고 대학의 훌륭한 점에 대해 이것저것 장황하게 늘어놓았다. 그러면서 아주 높은 급여를 지급하겠다는 암시를 주었다. 그러나 파인만은 급여가 얼마나 되는지에 대해서도 알고 싶어 하지 않았다. 이미 캘리포니아 공과대학에 남기로 작심한 뒤였기 때문이었다. 할 수 없이 두 사람은 그냥 돌아가야 했다.

한 달쯤 지났을 때, 파인만은 시카고 대학의 레오나 마샬 교수를 만났다. 그가 말했다.

"우리 시카고 대학의 제안을 받아들이지 않으셨다니, 우린 무척 실망했답니다. 어떻게 그렇게 엄청난 제안을 물리칠 수 있는지, 우리로선 이해가 안 가는군요."

"아주 간단합니다. 저는 그 제안을 아예 꺼내지도 못하게 했으니까요."

다시 일주일 뒤에 레오나 교수가 편지를 보냈다. 편지에는 시카고 대학에서 제시한 급여 액수가 적혀 있었다. 그걸 확인한 순간 파인만도 깜짝 놀랄 수밖에 없었다. 예상을 훨씬 뛰어넘는 엄청난 액수였다. 파인만이 받고 있는 돈의 서너 배나 높은 액수였다. 파인만은 놀란 가슴을 진정시키고 계속 편지를 읽어 내려갔다.

지금이라도 당신이 시카고 대학으로 옮길 생각이 있으시다면, 우리는 언제나 환영입니다. 그 자리가 아직 비어 있으니까요. 부디 현명한 판단을 내리시길 빕니다. 그럼 답장 기다리고 있겠습니다.

시카고 대학에서는 여전히 파인만 교수 영입을 포기하지 않고 있었다. 파인만은 바로 답장을 썼다.

액수를 확인하고 나서, 저는 시카고 대학의 제의를 거절하기를 잘했다고 생각했습니다. 그 정도의 월급이면 제가 마음속으로 항상 원해 왔던 일들을 할 수 있을 겁니다. 아름다운 여자와 사귀고, 그 여자에게 아파트를 얻어 주고, 값비싼 보석을 사 주고……. 그 밖에 많은 걸 해 줄 수 있겠지요. 그렇게 되면 저한테 과연 어떤 일이 일어나게 될까요? 항상 그 여자를 염려하고, 그 여자가 뭘 하고 지내는지 신경을 쓰게 될 테고, 그러다 집에 들어오면 아내와 싸움을 벌이게 되겠지요. 그 모든 것들이 저를 불안하게 하고, 결국 불행으로 이끌게 될 겁니다. 제가 진행하고 있는 연구도 지장을 받을 것이고, 저는 엄청난 혼란에 빠지고 말 겁니다. 그래서 저는 시카고 대학의 제안을 거절하려합니다.

## 우주의 나이

1920년대 말, 진화론자들은 우주의 나이를 20억 년 정도로 생각했다. 이는 방사성 연대 측정법으로 알아낸 지구의 나이보다 훨씬 적은 것이었다. 거대한 우주의 한 점에 불과한 지구가 우주보다 나이가 많다는 것은 있을 수 없다. 파인만이 캘리포니아 공과대학에 있던 당시까지도 이 모순이 해결되지 않아 골머리를 앓던 중이었다.

이후로 과학자들은 허블망원경을 비롯한 여러 관측 망원경을 이용해 정밀 관측에 나서게 된다. 그 결과 1980년대에 우주의 나이를 약 150억 년쯤으로 추정하게 되었다. 1999년에는 허블 상수의 값을 이용하여 우주의 나이를 구했는데, 약 120억 년이라는 결과를 얻어 냈다. 이 경우에도 우주에서 가장 늙은 구상성단의 나이인 140억 년보다 적은 결과가 나와 여전히 부모가 자식보다 나이가 적은 것과 같은 모순을 안고 있었다.

2001년 6월 프랑스의 뫼동 천문대에서는 방사성 동위원소의 붕괴를 이용하여 우주의 나이가 90억~155억 년 사이에 있다고 발표했다. 2003년에는 NASA가 마이크로파 비등방성 탐사위성 WMAP의 관측 결과를 통해 우주 나이를 137억 년으로 산출해 냈다. 지금도 진리에 근접하기 위한 노력이 이어지고 있다.

# 일본에서의 신기한 경험

1951년에 파인만은 다시 브라질에 갔다. 연말에 휠러 교수가 편지를 보내왔다. 일본에서 이론물리학회가 열리는데, 같이 가자는 것이었다. 그러면서 가기 전에 일본어를 조금이라도 배워 두는 것이 어떠냐고 제안을 해 왔다.

파인만은 브라질에 머물고 있던 한 일본인 여자를 찾아가 일본어를 익혔다. 젓가락질도 배우고, 책을 찾아 읽으며 일본 문화에 대한 상식을 쌓아 갔다. 점차 일본은 그에게 신비로운 나라로 다가왔다.

일본에 도착하자 도쿄에 있는 호텔에서 마중 나와 있었다. 호텔은 유럽의 건물 양식을 모방한 것처럼 보였다. 그래서인지 일본에 온 게 아니라 유럽이나 미국에 와 있는 기분이 들었다. 파인만은 그

점이 좀 아쉬웠다.

첫날 저녁 식사는 호텔 맨 위층에 있는 식당에서 했다. 메뉴는 영어로 되어 있었다. 파인만은 일본어를 구사해 보기로 했다. 식사가 끝날 무렵 파인만은 일본어로 커피를 주문했다. 종업원이 알았다는 듯 고개를 끄덕였다. 같이 식사를 했던 친구 마샥이 놀라서 물었다.

"뭐라고 한 거야?"

"일본어로 주문을 한 거야."

"이런 거짓말쟁이! 자넨 항상 그런 식으로 사람을 놀리지."

친구의 반응에 파인만은 짜증이 솟았다.

"정말이라니까!"

"그래 좋아. 그렇다 치고, 뭘 주문했지?"

"커피를 갖다 달라고 했네."

마샥은 여전히 파인만의 말을 믿지 못했다. 그가 말했다.

"좋아. 내기를 하세. 만약 아까 그 종업원이 커피를 가져오면 내가 진 걸세."

곧 종업원이 커피를 가져왔고, 마샥은 당연히 내기에서 졌다. 알고 보니 학회 참석자들 중에 일본어를 배워서 온 사람은 파인만밖에 없었다. 심지어 일본어를 배워 두자고 제안했던 휠러 교수조차도 일본어를 한마디도 하지 못했다. 언제나 새로운 문화를 접하고 색다른 체험을 원했던 파인만은 그런 동료들을 이해할 수 없었다.

파인만은 일본식으로 운영되는 호텔에 묵고 싶었다. 그래서 학회 참석자들의 숙박을 담당하고 있던 일본인에게 그 뜻을 밝혔다. 그러자 담당자는 난감한 표정을 지었다.

"교수님, 죄송하지만, 그건 좀 어렵겠습니다."

파인만은 담당자와 30여 분 동안이나 입씨름을 해야 했다. 계속 대화를 하면서도 파인만은 대체 왜 안 된다고 하는지 이유를 알 수 없었다. 담당자가 굳은 얼굴로 물었다.

"왜 굳이 일본식 호텔로 옮기려고 하는 겁니까?"

"이 호텔에 있으면 일본에 와 있는 기분이 전혀 들지 않습니다. 여긴 일본 아닙니까?"

"하지만 일본식 호텔에서 지내게 되면 불편한 점이 많을 겁니다. 잠도 바닥에서 주무셔야 하구요."

"바로 그게 내가 원하는 거요. 그 불편함이 어떨지 직접 경험해 보고 싶단 말입니다."

"그뿐 아닙니다. 의자도 없는 방이라 그냥 마룻바닥에 앉아 지내야 할 겁니다."

"오, 그 점도 마음에 드는군요. 나는 일본에 들어올 때 그런 경험을 하고 싶었습니다. 나를 그런 호텔로 안내해 주시오."

담당자는 계속 난감해하며 마지막으로 상황을 설명했다.

"교수님께서 호텔을 옮기게 되면, 회의장으로 가는 버스가 그 호텔에도 들러야 하는 번거로움이 있습니다."

파인만은 비로소 담당자가 왜 안 된다고 하는지 그 진짜 이유를
알 수 있었다.

"그럴 필요 없습니다. 내가 아침에 이 호텔로 와서 버스를 타도
록 하죠."

그렇게 해서 파인만은 마침내 일본식 호텔로 옮길 수 있었다.

호텔에 도착하자마자, 잘 왔다는 생각이 들었다. 그 호텔은 아기
자기한 즐거움을 누릴 수 있는 요소가 많았다. 현관에 신발장이 있
었고, 전통의상인 기모노를 입은 여자가 게다를 끌면서 시중을 들
었다. 여자는 다다미가 깔린 복도로 파인만을 안내해 갔다. 종업원
을 따라 걷다 보니 미닫이 장지문이 나왔다.

여자를 따라 방으로 들어갔다. 호텔을 알아봐 준 남자가 넙죽 엎
드려 바닥에 코를 대고 절했다. 여자도 똑같이 따라 했다. 파인만은
거기에 어떻게 답례해야 할지 몰라 당황스러웠다.

파인만의 시중을 맡은 사람은 중년 부인이었다. 여자는 옷 벗는
걸 도와주고, 유카타라고 불리는 일본 의상을 입으라고 했다. 그런
낯선 경험들이 파인만을 흥미롭게 했다.

일본식 호텔은 생각했던 것보다 훨씬 파인만의 마음에 들었다.
특히 방문객이 있을 때 나오는 호텔 측의 서비스가 흥미로웠다. 방
문객이 찾아와 얘기를 나누고 있으면, 5분도 안 되어 시중드는 중

년 부인이 다과를 내왔다. 그럴 때 파인만은 마치 집주인이 된 듯한 기분이 들었다. 미국의 호텔에서는 고객들에게 손님이 찾아와도 아무도 거들떠보지 않는다. 그래서 필요한 게 있을 때마다 룸서비스를 요청해야 한다.

파인만은 최대한 일본식으로 지내 보기로 했다. 모임에 참석하기 위해 교토로 가는 버스에서 에이브러햄 페이스를 만났다. 그에게 일본식 호텔에서 경험한 일들을 들려주었다. 그러자 그도 같은 호텔에 묵고 싶어 했다. 그래서 그를 호텔로 안내해 주었다.

다음 날 아침, 젊은 여자가 아침 식사를 들고 들어왔다. 파인만은 옷을 반쯤 걸치고 있는 상태였다. 그런데도 여자는 아무렇지 않은 얼굴로 파인만을 대했다. 바로 그때 페이스가 욕실에서 나왔다. 허옇게 드러난 그의 알몸이 물에 젖어 번들거렸다. 파인만은 재빨리 여자의 눈치를 살폈다. 페이스의 알몸을 보고도 종업원은 전혀 당황한 기색이 아니었다.

"맙소사! 기분 묘하군. 완전히 원시인이 된 기분이야. 그렇지 않아요, 파인만 교수?"

미국의 호텔에서라면, 종업원이 식사를 가져왔을 때 손님이 알몸으로 맞으면 비명을 지르고 난리가 났을 터였다. 하지만 일본에서는 그런 일이 일상적으로 이루어지고 있었다. 파인만에게는 서양과 다른 일본의 문화가 신선하게 느껴졌다.

# 5장

# 위대한 이론의 탄생

# 아마추어 화가로 활동하다

1960년 초에 파인만은 유럽에서 개최된 회의에 참석했다가 매력적인 여자를 만나게 되었다. 아를렌의 죽음 이후로 홀로 외롭게 살아온 파인만의 마음을 사로잡은 여자는 영국인 기네스였다. 파인만은 그녀와 결혼해 남은 생을 함께하게 된다.

기네스와 결혼해 안정적인 생활을 해 나가던 시절, 파인만은 어느 파티에서 봉고를 연주할 기회가 있었다. 그 연주에 감명을 받은 화가가 파인만의 방으로 찾아왔다. 지라이르 조시안이라는 화가였다. 그는 욕실로 들어가더니 가슴에 면도 크림을 바르고 나와 우스꽝스러운 자세를 취했다. 마치 춤을 추는 동작 같았다. 그는 급기야 귀에 버찌 열매를 꽂고 격렬하게 춤을 추기 시작했다. 언뜻 미친 사람이 아닌가 싶을 정도로 묘한 인물이었다. 파인만은 자연스럽게 그와 친해졌다. 파인만은 지라이르를 부르기 쉽게 '제리'라고 불렀다.

두 사람은 과학과 미술에 대해 긴 토론을 벌이곤 했다. 서로 관심 분야가 다른 탓에 토론은 곧 논쟁으로 흐르곤 했다. 파인만은 생각다 못해 제리에게 전화를 걸었다.

"들어 봐, 제리. 우리가 결론도 없는 논쟁을 자주 벌이게 되는 이유는 서로의 관심 분야에 대해 너무 모르기 때문이야. 자네는 과학을 모르고, 나는 미술을 모르지. 그래서 말인데, 우리 일요일마다 격주로 과학과 미술을 가르쳐 주기로 하면 어떨까? 자네는 나한테 미술을 가르쳐 달라구."

제리가 말했다.

"좋아, 친구. 자네에게 그림 그리는 법을 가르쳐 주지."

"하지만 그게 과연 가능할까? 나는 정말 그쪽에는 전혀 재능이 없다네."

파인만은 제리가 자기에게 그림을 가르치지 못할 거라는 쪽에 내기를 걸었다. 제리가 말했다.

"그렇더라도 자네는 내가 가르치는 동안 열심히 해야 돼."

"물론이지."

파인만은 사실 전부터 그림 그리는 법을 배우고 싶어 했다. 세상의 아름다움에 대한 자신만의 느낌을 그림으로 표현해 다른 사람들에게 보여 주고 싶었다. 자연을 바라보는 파인만의 생각과 느낌은 종교를 믿는 것과도 비슷했다. 모든 사물이 각기 다르게 보이고 다르게 움직이는 데에는 물리법칙과 같은 자연의 이치가 숨어 있다고 확신했다. 거기에 과학과 자연의 공통점이 있을 거라는 생각이 들었다. 그래서 그림을 통해서 자신과 같은 생각을 공유하고 있는 사람들과 소통할 수 있을 거라고 생각했다.

제리는 썩 괜찮은 과외교사였다. 그는 파인만이 그려 온 그림에서 실수를 정확하게 짚어 내 바로잡아 주었다. 그러면서도 절대 틀렸다는 말은 하지 않았다. 잘 그리지 못했다고 깎아내리는 법도 없었다. 만족스럽지는 않았지만, 파인만의 그림 실력도 나날이 늘어 갔다.

파인만은 그림 그리기에 재미를 붙였다. 언제 어디서나 연습을 게을리 하지 않았다. 하지만 제리는 그러지 못했다. 그는 물리학에 대해 좀체 흥미를 갖지 못했다. 너무 산만한 성격 탓에 도무지 집중을 하지 못했다. 파인만이 전기와 자기에 대해 가르치려고 하면, 자기가 갖고 있는 고장 난 모터 얘기를 꺼내며 어떻게 하면 고칠 수 있는지 물었다. 그걸로 물리 과외는 끝이었다.

그림을 배우기 시작할 무렵, 전부터 파인만을 알고 있던 한 여자가 말했다.

"패서디나 미술관에 가 보세요. 거기에 회화반이 있는데 누드 크로키를 한답니다.”

“아직 그 정도까지 그리지는 못합니다. 부끄러운 수준이죠.”

“아니에요. 당신 정도면 충분해요. 그리고 다른 분들이 그리는 것도 봐 둘 필요가 있지 않을까요?”

그래서 파인만은 여자가 알려 준 미술관으로 갔다. 그

곳에서 듣게 된 두 번째 수업이 누드 크로키 실습이었다. 누드모델은 처음에 10분 동안 동작을 취했다. 그러나 10분 동안 파인만은 다리 하나밖에 그리지 못했다. 주위를 돌아보니 다른 사람들은 모두 여유 있게 그림을 완성하고 모델의 그림자까지 그려 넣은 상태였다. 파인만은 실력에 한계를 느꼈다. 다른 사람들이 볼까 봐 얼른 자기 그림을 가렸다.

모델은 마지막으로 30분 동안 포즈를 취해 주었다. 파인만은 열심히 그렸고, 마침내 모델의 전체 윤곽을 완성할 수 있었다. 그제야 반쯤 희망이 보였다. 수업이 끝나고, 모두들 돌아다니면서 서로의 그림을 감상하기 시작했다. 다른 사람들의 그림을 하나하나 훑어보며 파인만은 아무래도 그림을 포기해야겠다고 생각했다. 전혀 가능성이 없어 보였다. 파인만은 자기 그림을 감추기 위해 서둘러 자리로 돌아갔다. 그러나 이미 다른 사람들이 파인만의 그림을 보고 있었다. 그들 중 누군가가 말했다.

"야, 이거 누가 그린 거야? 썩 괜찮은데 그래? 모든 선에 의미가
담겨 있잖아."

파인만은 그 평가에 조금 자신을 얻었다. 그래서 계속 수업에 참
석하기로 했다. 그 수업을 통해 파인만은 많은 것을 배웠다. 실력도
눈에 띄게 늘었고, 그림의 좋고 나쁨을 판단하는 능력도 갖추게 되
었다.

파인만의 그림을 구입하고 싶어 하는 사람들까지 생겼다. 파인
만에게 누드모델을 서 준 한 여자도 자기 누드 그림을 갖고 싶어 했
다. 그러나 그녀에게는 돈이 없었다. 파인만은 그녀에게, 무료로 모
델을 한 번 서 주면 그림을 세 점 주기로 했다. 그러자 그녀가 자진
해서 파인만의 그림 중개상으로 나섰다. 그녀는 당시에 페서디나
에서 가장 좋은 백화점으로 알려진 벌록에서 전시회를 할 수 있도
록 주선해 주었다.

그 전시에서 파인만은 의외의 성공을 거두었다. 그 일은 파인만
에게 큰 즐거움을 안겨 주었다. 성공에 고무된 파인만은 그림 그리
기를 계속해 나갔다.

파인만은 시내에 있는 토플리스 레스토랑에 자주 가서 식사를
했다. 그곳에서는 여자 무용수들이 옷을 걸치지 않고 춤을 추는 공
연이 벌어졌다. 파인만은 자리에 앉아 종이에 물리 문제를 풀거나,
연습 삼아 무용수들의 나체를 그리기도 했다. 아내 기네스도 파인

만이 그런 곳에 자주 가는 것을 꺼려하지 않았다.

그 레스토랑의 벽에는 그림들이 붙어 있었다. 파인만은 그 그림들이 마음에 들지 않았다. 그래서 자기 그림 중 하나를 대신 걸라고 주었다. 주인도 파인만의 그림을 마음에 들어 했다. 그 뒤로 주인과 종업원들은 파인만을 전보다 친절하게 대했다. 그들은 파인만이 갈 때마다 음료수를 무료로 제공해 주었다.

파인만은 미술관 관계자와 화가들과 교류하며 그림 세계에 깊숙이 빠져들었다. 그러나 그런 깊은 관심은 그리 오래가지 못했다.

파인만은 로스앤젤레스 군 미술관 전시회에 심사위원으로 위촉되기까지 했다. 그 자리에서 그는 다른 심사위원들과 갈등을 빚었다. 파인만이 좋은 작품이라고 평가한 작품들에 대해 다른 심사위원들은 정반대의 평가를 내리는 것이었다. 파인만은 자신이 미술 비평에 자질이 없다는 걸 비로소 깨달았다. 무엇보다 분위기에 휩쓸려 심사위원을 맡았던 게 실수였다.

군 미술관에는 모리스 터치맨이라는 비평가가 있었다. 그는 그림에 대해 제대로 알고 있는 사람이었다. 그는 파인만이 개인전을 연 사실도 알고 있었다. 그가 말했다.

"본인이 잘 아시겠지만, 당신은 다시는 그림을 그리지 않을 겁니다."

"뭐라구요? 그건 말도 안 됩니다. 무슨 근거로 그런 말씀을 하는 겁니까?"

"당신도 개인전을 한 적이 있지요? 내가 보기에, 당신은 아직 아마추어 화가에 불과합니다."

그런 평가를 듣고 나서, 파인만은 전처럼 열정적으로 그림을 그릴 수 없었다. 가끔 그림을 그렸지만 몰입해서 그리지는 못했다. 그리고 다시는 그림을 팔지도 않았다. 그리고 모리스야말로 제대로 된 평가를 내려 준 사람이라고 생각하게 되었다.

# 광대처럼 재미있고 신 나는 물리학 강의

1961년에 파인만은 캘리포니아 공과대학의 1, 2학년 학생들에게 기초 물리학 강의를 해 달라는 요청을 받았다. 당시 캘리포니아 공과대학의 1, 2학년 학생들은 필수과목으로 지정된 물리학을 2년 동안 수강해야 했다. 그런데 강의가 너무 어려워서 물리학에 흥미를 잃어 가는 학생들이 많았다. 학교 측은 그런 상황을 개선하기 위해 파인만에게 신입생을 대상으로 한 강의를 맡기게 된 것이다.

파인만은 신입생들을 제대로 교육하는 것이야말로 물리학의 미래를 좌우하는 중대사라고 생각했다. 그리고 물리학을 누구나 쉽게 이해할 수 있도록 강의하는 일에 흥미를 느꼈다. 그래서 파인만은 학교 측의 제의를 선뜻 받아들였다.

강의가 시작되자마자 학생들이 몰려들었다. 학생들뿐만이 아니었다. 다른 교수들까지 파인만의 강의를 듣기 위해 강의실을 찾았다.

파인만은 무엇보다 자유로운 분위기 속에서 강의를 이끌었다. 당당한 태도로, 그만의 재기 넘치는 유머를 구사해 가며 매번 환상적인 강의를 베풀었다. 파인만에게 강의실은 곧 하나의 무대였다. 강의실에 선 그는 번뜩이는 기지로 한 편의 드라마를 보여 주는 연

극배우이기도 했다. 그는 강의할 때 팔을 휘저으며 강단을 이리저리 돌아다니곤 했다. 그 모습을 본 『뉴욕타임스』의 한 기자는 "이론 물리학자와 서커스 광대, 현란한 몸짓, 음향 효과 등의 절묘한 배합"이라고 평했을 정도이다. 그의 강의에서 가장 빛나는 부분은, 어려운 전문용어를 늘어놓지 않으면서 생활 속에서 첨단의 물리학 개념을 자연스레 이끌어 낸 점이었다. 그는 자질구레한 설명을 과감하게 생략했다. 그러면서 친숙한 일상 속에서 물리학의 심오한 이론을 끌어냈다. 그러한 파인만의 능력에 수강생들은 아낌없는 환호를 보냈다.

그가 고급 양자역학에 대해 강의할 때였다. 수강생들로 가득 찬 강의실에는 대학원생과 교수들도 자리하고 있었다.

강의 도중에 파인만은 복잡한 적분을 다이어그램으로 나타내는 기발한 방법을 설명하기 시작했다. 시간 축과 공간 축을 그리고, 상호 작용을 나타내는 구불구불한 선을 그려 나가자, 수강생들은 넋을 잃고 파인만을 바라보았다. 어느 순간 파인만이 씨익 웃으며 말했다.

"이것을 바로, 다이어그램이라고 부릅니다."

순간 그의 강의는 절정에 달했다. 수강생들은 우레처럼 터져 나오는 박수갈채로 그의 강의에 찬사를 보냈다. 바로 그 유명한 '파인만 다이어그램'이 탄생하는 순간이었다. 이 새로운 도식은 전자와 광자를 비롯한 여러 입자들이 상호 작용을 주고받을 때 벌어지는 상황을 가장 빠르고 정확하게 보여 준다. 그래서 지금도 이 분야의 학자들이 연구에 활용하며 많은 도움을 받고 있다.

1963년까지 계속된 이 강의는 『파인만의 물리학 강의』라는 제목의 책으로 출판되었다. 그리고 물리학을 공부하는 전 세계 학생들의 필독서가 되었다. 1963년에 초판이 발행된 이 책은 지금까지도 생명력을 잃지 않고 있다. 오히려 점점 그 위력을 발휘하며 앞으로도 물리학을 향한 학생들의 열정에 자양분을 제공할 것이다.

예정된 강의를 모두 마친 뒤에도 파인만은 여러 해 동안 신입생 대상의 강의에 특별 강사로 나섰다. 그가 강의를 한다는 소문이 퍼지면 강의실이 미어터질 정도로 수강생이 몰려들었다. 인원을 조정하기 위해 강사가 누구인지를 비밀로 했을 정도였다.

파인만의 강의 비결은 아주 간단한 것이었다. 캘리포니아 공과대학의 문서보관소에 소장되어 있는 그의 강의 노트에 그만의 비결이 적혀 있다.


우선, 당신이 강의하는 내용을 학생들이 왜 배워야 하는지, 그 점을 명확하게 파악하라. 일단 이것이 분명해지면 강의 방법은 자연스럽게 떠오를 것이다.

## 파인만 다이어그램

　양자역학을 통해 원자의 행동과 성질을 예측할 수 있다는 사실
이 입증됨에 따라 전자기 현상을 이해하기 위한 수학적 도구의 필
요성이 제기되었다. 그러나 1930년경, 폴 디랙이나 베르너 하이젠
베르크 등에 의해 양자전기역학이 성립된 이후 20년이 넘도록 수
학적 도구는 진전을 이루지 못한 채 제자리걸음만 하고 있었다. 근
사치의 값을 구할 수는 있었지만 정확한 값을 얻으려 하면 무한량
에 휘말려들고 말 뿐이었다.

　이 문제의 해결에 결정적으로 기여한 것이 바로 파인만 다이어
그램이다. 파인만 다이어그램은 기존의 추상적인 수치들을 구체화
하여 불필요한 무한대를 제거, 정확한 값을 얻어 낼 수 있었다. 이
다이어그램을 통해 전자와 광양자, 전자가 흡수하거나 방출하는
광양자에 대한 추적이 가능해졌다.

# 노벨상 수상식장에서


1965년, 리처드 파인만은 줄리안 슈윙거, 신이치로 도모나가와 함께 노벨물리학상을 수상했다. 이들 세 사람이 각자 독자적으로 고안해 낸 양자전기역학은 '지금까지 나온 이론 가운데 가장 정확한 것'이라고 칭송받고 있다.

양자전기역학은 20세기 물리학의 거대한 줄기를 이루고 있는 상대성이론과 양자 이론을 융합한 이론이다. 아인슈타인의 상대성 이론은 모든 존재가 탄생하고 소멸하는 인과론의 두 축이라 할 시간과 공간의 개념을 완전히 뒤엎어 버렸다. 또 양자 이론은 보이는 것만으로 모든 것을 설명할 수 있다는 소박한 믿음을 여지없이 무너뜨렸다. 보이지 않는 세계를 설명하기 위해서는 '파동 함수'라는 개념이 도입되어야 했다. 그것이 바로 양자전기역학의 핵심이라고 말할 수 있다.

양자전기역학의 시각으로 보면, 빛은 직진하지 않으며 일정한 속도로 움직이지도 않는다. 빛은 무한한 가능성으로 존재하며, 그 모든 것들이 뒤죽박죽으로 얽혀 들며 거대한 세계의 질서를 발현해 내고 있는 것이다. 양자전기역학은 이처럼 상식을 뛰어넘는 기이한 세계가 존재하고 있음을 밝혀낸 이론이라고 할 수 있다.

파인만은 이렇게 말한다. "눈에 보이는 것만이 실재라면, 물리학은 당장 와해되어 버릴 것이다." 이 말을 듣고 양자전기역학을 한낱 공상쯤으로 받아들이는 사람도 있을 것이다. 그러나 양자전기역학은 결코 허무맹랑한 공상의 세계가 아니다. 눈으로 확인할 수 없는 우주의 숨은 질서를 밝혀낸 가장 정교한 과학적 이론이다.


파인만은 노벨상을 받기 위해 스웨덴으로 향했다. 노벨상 수여는 스웨덴 국왕이 하도록 되어 있었다. 수상식장에서 학생들이 주관하는 행사에도 참석했다. 이 행사에서는 학생들이 노벨상 수상자들에게 특별히 개구리 훈장을 수여한다. 훈장을 받은 수상자는 개구리 울음을 흉내 내야 한다.

파인만은 어릴 때 고대 그리스의 희곡 『개구리』를 읽은 적이 있었다. 거기에 개구리의 대화가 나와 있었다. "개굴 개굴 개굴……"

그 대목을 읽으며 파인만은 이렇게 생각했다. '개구리는 실제 이렇게 울지 않아. 개구리 울음을 이렇게 표현하는 것은 어리석은 일이야.'

그래서 파인만은 개구리 울음을 연습했다. 한참 동안 연습하자 진짜 개구리처럼 소리를 낼 수 있게 되었다. 그는 행사에서 훈장을 받으며 개구리처럼 울었다. 소리를 내며 개구리처럼 앞뒤로 껑충 껑충 뛰기도 해서 학생들을 즐겁게 했다.

그러나 학생들과 즐기면서도 파인만에게는 말 못 할 걱정거리가 있었다. 국왕의 만찬에서 행해지게 될 수상 연설 때문이었다. 파인만은 그 상을 받고 싶지 않았는데, 원하지도 않는 상을 받으면서 고맙다고 인사해야 한다는 게 고통스러웠다. 정직함에 지나치게 집착하는 습성 때문이었다. 그는 정직한 연설을 하고 싶었다. 완벽하게 만족스러우면서도 솔직한 연설을 원했다.

파인만은 먼저 다른 학자들이 자신의 연구 업적을 이용하고 있는 것으로 이미 충분한 상을 받았다고 말을 꺼냈다. 이미 원하는 걸 다 받았으며, 나머지는 거기에 비교조차 할 수 없다고 말했다. 다음에는 갑자기 편지를 산더미처럼 받게 된 얘기를 꺼냈다. 아침 신문에 난 파인만의 기사를 보고 친구들이 편지를 보내온 것이었다. 모두 우호적이고 사랑이 가득 담긴 편지들이었다. 파인만은 그들에게 감사한다고 말했다.

연설은 그럭저럭 잘 해냈다. 그러나 또 다른 문제가 그를 기다리고 있었다. 귀한 몸을 이끌고 수상식장에 나온 왕족들을 대하기가 껄끄러웠던 것이다. 그들과 마주칠 때마다 어쩐지 거부감이 일었다. 세상의 모든 권위를 거부하라고 했던 아버지의 가르침 때문일지도 몰랐다. 파인만 옆자리에는 미국의 대학에 다니고 있다는 스웨덴의 공주가 앉아 있었다. 파인만은 공주가 보통 사람과 다를 바 없는 어린애처럼 보였다. 파인만은 국왕과 왕족들이 만찬 전에 오랫동안 서서 손님들과 악수를 나눈 것에 대해 얘기했다.

"미국에서라면 좀 더 효율적으로 그 일을 할 수 있을 겁니다. 악수하는 기계를 만들 수도 있겠지요."

"예. 하지만 그런 기계를 살 사람은 별로 없을 거예요. 왕족은 그리 많지 않으니까요."

공주가 불편한 감정을 내비치며 말했다. 파인만이 빙긋 웃어 보이며 말했다.

"아니, 그 반대지요. 먼저 국왕만 그 기계를 가질 수 있도록 하면 됩니다. 그러면 다른 사람들도 그걸 갖고 싶어 할 겁니다. 머잖아 총리도 갖게 되고, 상원의장, 하원의장도 갖게 되고, 그렇게 되면 시장은 엄청나게 확대되겠죠."

공주는 불쾌감을 노골적으로 드러내며 아예 입을 다물어 버렸다.

만찬 후에 사람들은 다른 방으로 들어갔다. 그곳에서 많은 대화가 오갔다. 덴마크 공주가 탁자 옆에 앉아 있고, 여러 사람이 공주

주위에 몰려 있었다. 그 탁자 주변에 빈 의자가 보였다. 파인만은 그리로 가서 앉았다. 그러자 공주가 반기며 물었다.

"오! 당신은 노벨상 수상자시군요. 어느 분야의 상을 받았나요?"

"물리학입니다."

공주가 말했다.

"그렇다면, 이 자리에 물리학에 대해 아는 사람이 아무도 없을 테니 거기에 대해서는 대화를 나눌 수가 없겠네요?"

파인만이 정색을 하며 말했다.

"아뇨, 그 반대입니다. 우리는 전혀 모르는 것에 대해서도 얼마든지 대화를 나눌 수 있습니다. 날씨에 대해 얘기할 수도 있고, 사회 문제, 심리학에 대해서도 대화할 수 있지요."

공주의 얼굴이 얼어붙은 듯 굳었다. 공주는 파인만을 무시하고 다른 사람과 얘기를 나누기 시작했다. 그 주변에 있는 사람들도 파인만과 얘기하는 걸 꺼렸다. 그들은 오직 공주의 비위를 맞추는 데 열중하고 있었다. 어떻게든 공주의 관심과 호의를 사고 싶어 안달하는 모습이 안쓰러워 보일 정도였다. 파인만은 그런 자리에 더 이상 있고 싶지 않았다. 그래서 슬그머니 자리를 옮겨 버렸다.

그래도 스웨덴에서 보낸 일정은 그런대로 괜찮은 편이었다. 모든 일정을 마친 파인만은 강연을 하기 위해 스위스에 있는 유럽 핵물리학 연구 센터에 들렀다. 파인만은 스웨덴 국왕의 만찬 때 입었던 옷을 입고 동료들 앞에 나타났다. 파인만은 강연할 때 정장을 입고 강연해 본 적이 없었다. 파인만의 옷차림을 보고 동료들이 의아스러워했다. 강연에 앞서 파인만이 말했다.

"재미있는 일입니다. 스웨덴에서 노벨상을 받은 결과 제가 이렇게 변했습니다. 저는 이 정장 차림을 좋아하게 되었습니다."

그러자 여기저기서 야유가 터졌다.

"우우우……!"

동료 바이스코프가 자리에서 일어나서 자기 코트를 찢으면서 외쳤다.

"우리는 강의할 때 절대 정장을 입지 않아요."

그제야 파인만도 코트를 벗고, 넥타이를 느슨하게 하면서 말했다.

"제가 스웨덴에 있을 때는 이런 것들이 좋았습니다. 그러나 이제 세상으로 돌아왔고, 모든 게 전과 똑같습니다. 저를 다시 이전으로 되돌려 주서서 고맙습니다, 여러분."

그들은 노벨상을 받았다고 해서 파인만이 변하는 걸 원하지 않았다. 그래서 파인만은 얼른 원래의 자신으로 돌아왔다.

# 투바로의 여행

# 〈남태평양〉의 추장

　파인만은 계속 캘리포니아 공과대학의 교수로 재직하며 강의에 열정을 바쳤다. 각종 강연과 학회에 참석하며 왕성한 활동을 펼쳐 나갔다. 1970년대 후반, 예순 나이를 눈앞에 두고 있으면서도 젊은 날의 활기를 여전히 간직하고 있었다. 그는 쉼 없는 노력으로 물리학 분야에서 뛰어난 업적을 계속 쌓아 나갔다. 그러던 중 전혀 뜻하지 않은 운명이 그를 덮쳐 왔다.

　1978년, 파인만은 갑자기 몸의 이상을 느끼고 병원에 입원했다. 임파구에서 종양이 발견되었다. 진단 결과 암으로 판명되었다. 이후 10여 년 동안 파인만은 기나긴 투병 생활을 견뎌 내야 했다.

　암으로 투병하면서도 파인만은 평소와 다름없이 활동했다. 전혀 아픈 사람 같지 않았다. 가장 절친한 친구였던 랄프 레이튼과 여행 계획을 세우고, 봉고를 연주하고 뮤지컬에 출연하기도 했다. 랄프는 패서디나 공립학교의 수학 교사로 재직했으며, 파인만의 그림자와도 같은 인물이었다. 그는 파인만이 대중을 대상으로 강의한 내용을 녹음하고 기록해 책으로 출판하는 데 힘을 쏟았다. 스승이자 동료, 친구였던 파인만과 함께 봉고를 연주하면서 들었던 얘기들을 모아 『파인만 씨, 농담도 잘하시네!』라는 책을 펴내기도 했다. 그는 파인만과 함께 계획했던 마지막 여행에 대한 이야기를 다룬 『투바: 리처드 파인만의 마지막 여행』의 저자이기도 하다.

1981년 10월 말에 파인만은 또다시 종합 검진을 받아야 했다. 그런데 아주 절망적인 검사 결과가 나왔다. 3년 전에 수술을 통해 완전히 제거되었다고 믿었던 암세포가 창자 주변에까지 심하게 퍼져 있었다.

존 웨인 암센터의 도널드 모턴 박사가 파인만을 불렀다.

"암세포가 번져 있는 곳 주변은 정상적인 조직이라도 1인치 정도 잘라 낼 겁니다. 가능하다면 다 제거해야 합니다."

파인만은 아무렇지 않다는 듯 태연한 목소리로 물었다.

"성공할 확률은 얼마나 됩니까?"

"지금까지 열두 번 이런 수술을 했는데, 모두 무사합니다. 그러나 성공을 장담할 수야 없겠지요."

파인만은 방사능 치료를 받은 다음 수술실로 들어갔다. 예상되는 수술 시간이 무려 열 시간이었다. 그런데 수술 도중에 문제가 발생했다. 봉합 단계에서 그만 심장 근처의 동맥이 터지고 만 것이다. 급히 38리터의 혈액을 공급해야 했다. 그런데 암센터의 혈액은행에 피가 부족한 상황이 벌어졌다. 즉시 캘리포니아 공과대학과 부설 연구소에 긴급 연락을 취했다. 두 시간쯤 지났을 때, 리처드 파인만의 혈액은행에 헌혈하기 위해 모여든 백여 명의 자원자들이 줄지어 서 있었다. 평소에 파인만을 사랑하고 존경해 온 사람들이 그의 회복을 위해 기꺼이 자원한 것이었다.

수술은 예상했던 시간보다 네 시간이나 더 걸렸다. 그만큼 회복하는 기간도 길어졌다. 하지만 파인만은 거기에 불평하지 않았다. 그는 시한부 생을 선고받은 날로부터, 남은 시간을 덤으로 생각하고 있었다. 그 때문인지 자기에게 닥친 불행을 담담하게 받아들이게 되었다. 아를렌과 함께하며 겪어야 했던 경험이 내성을 길러 준 탓도 있을 터였다.


1982년 초에 파인만은 학교에서 공연한 뮤지컬 〈남태평양〉에 출연하게 되었다. 랄프 레이튼과 함께였다. 두 사람은 드럼 연주를 맡았다. 뮤지컬에는 풀잎으로 만든 짧은 치마를 입고, 엉덩이를 흔들며 춤추는 네 명의 무용수가 나온다. 그 장면에서 드럼 연주를 하기로 되어 있었다.

학생들은 파인만을 위해 화려한 깃털이 달린 커다란 머리장식을 만들어 주었다. 조가비가 주렁주렁 매달린 긴 망토도 만들었다. 파인만은 주저하지 않고 그 의상을 입었다. 마치 원시 부족의 추장처럼 보였다. 연출가는 파인만을 추장이라고 불렀다.

공연이 있던 날 밤, 파인만은 수술로 인한 통증 때문에 괴로워했다. 그는 다른 출연자들이 공연하는 동안 누워 있어야 했다. 그러다 무용수들이 나올 때마다 몸을 일으켰다. 무대에 서서 타히티 말로 드러머와 무용수에게 명령을 내리는 추장의 목소리는 어느 때보다 우렁차게 울렸다.

단지 몇 분 동안이었지만, 파인만은 완전히 기력을 회복한 사람처럼 신 나게 연주했다. 석 달 전 열네 시간에 이르는 대수술을 받은 이후 처음 서게 된 무대였다. 그 모습을 본 관람객들은 깊은 감동을 받았다. 파인만의 수술을 위해 기꺼이 헌혈을 해 준 사람들도 그 자리에 참석해 있었다. 공연이 끝나자 관람객들이 모두 자리에서 일어났다. 그들은 일제히 함성을 지르며 파인만의 열정 어린 연주에 박수를 쳤다.

# 챌린저호 참사의 원인

1986년 1월 28일, 우주왕복선 챌린저호가 공중 폭발했다. 우주 비행사 일곱 명 모두의 목숨을 앗아 간 이 참사의 원인은 연료탱크 폭발 때문이라고 알려졌다. 그러나 왜 폭발했는지에 대해서는 아무도 알 수 없었다.

우주선이 발사된 직후 2분여 동안 폭발이 일어나는 장면이 텔레비전으로 생생하게 중계되었다. 그 장면을 지켜보던 모든 미국인들은 충격에 휩싸였다. 문제의 장면이 전 세계에 공개됨으로써, 세계 최강국이라는 미국의 자존심도 상처를 입었다. 참사 원인을 찾는 데 모든 국민의 관심이 집중될 수밖에 없는 상황이었다. 그런데도 미국 항공 우주국 나사에서는 사고 후 다섯 시간이 지나도록 아무런 발표도 하지 않았다. 게다가 며칠이 지나도록 관련 자료조차 공개하지 않았다. 언론에서는 연일 추측 기사들을 마구잡이로 쏟아 내기 시작했다.

매일 저녁 폭발 장면이 반복적으로 방영되었다. 당시 미국의 대통령이었던 레이건은 죽음을 당한 우주비행사들에 대한 애도의 뜻을 표했다. 뒤이어 사고를 규명하기 위한 대통령 직속 위원회가 소집되었다. 사고 원인을 찾아내 재발을 방지하기 위한 위원회였다. 당시 국무장관 윌리엄 로저스를 위원장으로 하여, 정치가들과 우주비행사들, 군인들, 그리고 과학자 한 사람이 참여했다. 그 과학자 한 사람이 바로 리처드 파인만이었다.

위원회에 참가해 달라는 권유를 받고 파인만은 잠시 망설였다. 그 임무는 아무래도 자기 분야와는 어울리지 않는 것 같았다. 서둘러 조직된 위원회에서 정치적인 술수가 느껴지기도 했다. 파인만은 정부의 그런 술수에 동조하고 싶지 않았다. 게다가 파인만은 암으로 투병 중이었다.

그러나 아내 기네스는 그 위원회의 조사 활동에서 파인만이 할일을 정확히 꿰뚫어 보고 있었다. 기네스는 주저하는 파인만을 설득했다.

"당신이 가야 해요. 아마 다른 조사원들은 절대 그 원인을 밝혀낼 수 없을 거예요. 그들은 단지 자기만의 이익을 위해 맹목적으로

달려들겠죠. 당신은 차분하게 뭔가를 찾아낼 수 있을 거예요. 관리자와 기술자들이 예상하지 못했던 부분을 발견하게 될지도 몰라요. 또 증거가 될 만한 결점 같은 걸 찾아낼 수도 있을 거예요.”

아내의 격려를 받고 파인만은 기꺼이 조사 활동에 참여하기로 마음먹었다.

파인만은 먼저 챌린저호의 장비를 꼼꼼하게 확인해 나갔다. 그는 챌린저호의 장비 제작자들이 무언가를 자꾸 숨기려 한다는 걸 알았다. 그들은 제작에 따른 문제점을 감춰 거기에 대한 비판을 누그러뜨리려고 애쓰고 있었다. 파인만은 무조건 책임을 회피하려 드는 그들의 행태가 마음에 들지 않았다.

파인만은 챌린저호의 연결 부분에 사용된 O-링의 개스킷에 문제가 있는 걸 발견했다. 개스킷은 고무로 제작되어 있었고, 그 고무 제품이 낮은 온도에서 수축되면 문제를 일으킬 수 있다는 점을 생각해 낸 것이다. 파인만은 실험을 해 보기 위해 가까운 공구점에서 소형 C-클램프를 샀다. 호텔로 돌아온 파인만은 클램프 샘플을 잠시 얼음물에 담가 보았다. 온도가 화씨 32도(섭씨 0도)까지 내려갔다. 온도가 내려가자 고무 부품의 탄력도 사라져 버렸다. 바로 고무로 제작된 개스킷에 직접적인 원인이 있었던 것이다.

파인만은 방송에 출연해 호텔에서 했던 실험을 그대로 보여 주었다. 비로소 챌린저호 참사의 원인이 밝혀졌다. 온 국민의 원성이 높아 가고 관심이 집중되어 있을 때, 파인만이 그 원인을 시원하게 밝혀낸 것이다. 동시에 천재 물리학자 파인만의 이름도 매스컴을 타고 전 세계로 퍼져 나갔다. 그 일로 파인만은 모든 미국인의 우상으로 떠올랐다. 어떤 면에서 보면, 파인만이 세계적인 인물로 널리 알려지게 된 데는 미국 특유의 이러한 영웅주의도 작용했던 것으로 보인다.

# 투바, 마지막 여행

1977년 여름부터 죽음에 이르기까지 파인만은 투바 여행을 꿈꾸었다. 이 여행 계획은 가족과 함께 식사를 하는 자리에서 갑자기 이루어졌다. 그 자리에 랄프 레이튼도 참석해 있었다.

랄프는 파인만의 두 아이들과 대화를 나누고 있었다. 랄프가 말했다.

"나는 수학이 좋아. 하지만 내가 정말 좋아하는 과목은 지리야. 전에 우리 형과 지리 놀이를 하며 놀았지. 형과 나는 지도에 나온 세계의 모든 국가를 찾아냈어."

그때 갑자기 파인만이 대화에 끼어들었다.

"그래서 자네는 세계의 모든 나라를 안다고 생각해?"

랄프는 샐러드를 먹으며 대답했다.

"음, 그럼요."

"좋아. 그럼 탄누 투바에 무슨 일이 있었지?"

랄프는 한 번도 들어 본 적이 없는 지명이었다.

"탄누 뭐라구요? 처음 들어 보는 곳인데……?"

랄프는 그런 나라가 없을 거라고 믿었다. 그가 파인만에게 말했다.

"선생님, 그런 나라는 없어요."

"아니, 확실히 있어. 1930년대에 나온 지도에 보면 외몽골 근처에 자줏빛 점으로 표시되어 있지."

랄프는 여전히 믿을 수 없었다.

"그럴 리가요? 그럼 지도를 찾아볼까요?"

모두 식탁에서 일어나 거실로 갔다. 거실 책장에 브리태니커 백과사전이 꽂혀 있었다. 맨 마지막 권에 지도가 나왔다. 서둘러 아시아 지도가 있는 장을 펼쳤다. 랄프가 말했다.

"보세요. 제 말이 맞죠? 외몽골 근처엔 소련, 몽골, 중국밖에 없잖아요? 선생님이 말씀하신 탄누 투바는 어디 다른 곳에 있는 지명일 거예요."

그때 파인만의 아들 칼이 말했다.

"여기 보세요. 투빈스카야 소련 사회주의 자치공화국이라는 나라가 있어요."

전에 탄누 투바라고 불렸을 법한 나라였다. 그것 보라고 말하는 듯 파인만이 랄프를 바라보았다. 그가 말했다.

"이 나라의 수도 이름이 뭔 줄 알아? 키질(Kyzyl)이야."

"이상하네. 모음이 하나도 없잖아요? 우리 그곳에 한번 가 보기로 해요."

기네스가 말했다. 파인만도 큰 소리로 말했다.

"그래. 정말 재미있을 거야."

파인만과 랄프는 미소를 지으며 악수를 나누었다. 그렇게 투바 여행을 향한 두 사람의 기나긴 여정이 시작되었다. 두 사람은 어떻게 하면 투바에 갈 수 있을지에 대해 의논했다. 파인만이 모스크바에서 물리학 강의를 하게 되면 나머지 일이 순조롭게 풀릴 수 있었다. 그러나 그들은 그런 손쉬운 방법으로 투바에 가고 싶지는 않았다.

두 사람은 투바에 대한 온갖 정보를 수집하기 시작했다. 그리고 투바에 갈 수 있는 여러 가지 방법도 함께 모색해 보았다. 그러나 수많은 장애가 그들 앞을 가로막았다. 재발한 파인만의 병도 큰 장애였다.

파인만은 결국 1986년에 암이 재발해 병원에 입원해야 했다. 모턴 박사는 또다시 과감한 수술을 감행했고, 수술은 성공적으로 끝나 파인만은 어느 정도의 활동이 가능하게 되었다. 퇴원 후 기력을 회복하기 위해 파인만은 랄프와 매일 산책을 했다. 산책하는 동안에도 두 사람은 투바를 상상했다. 투바의 천막집을 상상하며 드럼을 치기도 했다.

1987년에 두 사람은 휴식을 취하기 위해 멕시코 해안에 위치한 파인만의 별장으로 갔다. 파인만은 날마다 해안을 따라 걸으며 사색을 즐겼다.

그러던 어느 날 오후였다. 파인만이 비틀거리며 거실로 들어오는 게 아닌가. 그는 소파에 털썩 주저앉으며 힘겨운 목소리로 말했다.

"이봐, 랄프! 나는 진정한 영웅이라구."

"알아요, 선생님. 그런데 갑자기 왜 그런 말씀을 하시죠?"

"방금 물에 빠진 멕시코 소년을 내가 구해 냈거든. 뒤따라 들어간 남자 두 명도 함께 구해 냈지."

랄프는 파인만이 어떻게 그런 일을 할 수 있었는지 의아해했다. 도저히 상상할 수 없는 일이었다. 암 때문에 세 번이나 대수술을 받은 몸으로 어떻게 그럴 수 있단 말인가. 파인만이 숨을 몰아쉬며 말했다.

"하지만 그보다 힘든 게 있었어. 그 아이 어머니가 매운 양념을 한 생홍합을 주더라구. 그걸 받아먹었더니, 정말 죽겠군. 도저히 거절할 수가 없었거든."

마침내 투바 여행의 길이 열렸다. 소련(소비에트 사회주의 연방공화국의 줄임말. 15개 공화국 연합으로 구성되었으며, 1991년 12월 31일에 해체되었다.) 과학 아카데미에서 투바 여행을 주선해 주기로 약속한 것이다. 그러나 다시 찾아온 암세포 덩어리가 파인만의 마지막 여행을 가로막았다.

1987년 가을, 의사들은 제거해야 할 또 다른 암 종양을 발견했다. 파인만은 이미 극도로 쇠약해진 상태였다. 그는 엄청난 고통으로 힘들어하고 있었다. 그러면서도 강의를 계속했다. 파인만의 그런 열정은 젊은 학생들에게 깊은 인상을 남겼다. 학생들은 파인만을 영웅처럼 존경하고 숭배했다. 파인만은 결국 강의를 하다 쓰러져 병원으로 실려 갔다.

입원한 지 2주일 뒤인 1988년 2월 15일에 파인만은 세상을 떠났다. 그토록 갈망해 오던 투바 여행에 앞서, 죽음의 길에 먼저 들어서고 만 것이다. 그 여행에 대한 미련 때문이었을까. 숨을 거두기 전에 파인만은 눈을 깜박이며 이렇게 되뇌곤 했다.

"이봐, 난 아직 죽지 않았어."

리처드 파인만이 생의 대부분을 보냈던 캘리포니아 공과대학의 학생들은 짧은 문장이 새겨진 현수막을 내걸었다.

딕, 우리는 당신을 사랑합니다.(딕, Dick: 파인만의 애칭)

파인만의 사망 소식은 뒤늦게야 소련 과학 아카데미에 전해졌다. 3월 초에 기네스는 1988년 2월 19일자 소인이 찍힌 편지를 받았다. 그것은 바로 과학 아카데미에서 보낸 초청장이었다.

존경하는 리처드 파인만 교수님께

교수님, 사모님, 그리고 교수님의 동료 네 분을 소련 과학 아카데미의 손님으로 초청하게 된 것을 영광으로 생각합니다. 소련 과학 아카데미 회원이신 카피차 교수를 통해, 교수님이 투바 자치공화국에 방문하고자 하며, 그곳에 대해서도 잘 알고 계신다는 말을 들었습니다.

투바 방문 기간은 올해 5월과 6월이 가장 적당할 것으로 생각되며, 소요 기간은 3~4주 정도가 될 것입니다.

여행 기간 동안 노보시비르스크와 모스크바에 있는 소련 동료들과도 만나게 되길 기원합니다. 교수님의 활동과 업적을 잘 알고 있는 그들은 무척 기뻐할 것입니다. 체재 비용은 소련 과학 아카데미에서 부담할 것임을 알려드립니다.

학회원 E.P. 벨리코프

파인만의 자유로운 영혼은 지금 투바의 광활한 대지를 거닐고 있을지도 모른다. 영혼을 위로하는 주술사의 춤에 맞춰 봉고를 연주하고 있을 수도 있다. 그러니, 혹 투바에 가게 되거든 어딘가에서 들려 오는 봉고 소리에 귀를 기울여 보라! 우주의 숨은 원리를 밝혀내고, 그 우주 공간으로 사라져 간 천재 물리학자 리처드 파인만의 숨결이 느껴질 것이다.

## 우주 개발과 챌린저호의 폭발

제2차 세계대전이 끝나자 로켓 개발에 참여했던 독일의 우수한 과학자들이 미국과 소련으로 대거 망명했다. 이에 따라 소련과 미국의 냉전 양상은 군비 개발뿐만 아니라 우주 개발 경쟁으로 이어지게 되었다. 우주 공간이 또 하나의 전쟁터가 된 것이다.

1957년 10월, 소련이 세계 최초로 인공위성 스푸트니크 1호를 발사하자 이에 자극을 받은 미국도 익스플로러 1호를 발사했다. 1961년 소련은 최초의 유인 우주선을 쏘아 올렸으며, 급기야 1966년에는 루나 9호가 세계 최초로 달에 착륙하는 데 성공했다. 이에 자극을 받은 미국도 1969년 7월 아폴로 11호를 쏘아 올려 최초로 달 표면에 인류의 발자국을 남긴다.

그러나 막상 달을 정복하고 나니 우주 개발에 드는 막대한 비용이 문제가 되었다. 로켓의 경우, 유인 캡슐만을 회수할 수 있었고 나머지는 모두 폐기할 수밖에 없었다. 그 결과 미국은 우주왕복선을 이용한 우주 개발 쪽으로 방향을 선회하게 되었다. 우주왕복선은 외부 탱크만 사용하고 버릴 뿐 나머지는 몇 번이고 우주 공간과 지구를 오갈 수 있었다.

1981년 4월 12일, 미국 최초의 유인 우주왕복선 컬럼비아호를 발사한 후 미국의 우주 개발은 순조로운 항해를 하는 듯 보였다. 그러나 1986년 1월 28일, 우주선 챌린저호가 발사 후 73초 만에 폭발하여 승무원 7명의 목숨을 앗아 가는 참사가 빚어졌다. 그뿐 아니라, 2003년 1월 16일에 컬럼비아호가 또다시 공중 폭발함으로써 NASA는 신뢰와 명예에 큰 손상을 입게 되었다. 당연히 우주왕복선을 통한 우주 개발의 중단을 요구하는 목소리도 높아졌다.

챌린저호 참사는 고무 패킹의 문제점을 발견한 파인만에 의해 그 원인이 밝혀졌다. 그러나 이는 일단 소련을 이기고 보겠다는 미국의 과도한 경쟁 심리가 낳은 결과이기도 했다.

아버지 멜 파인만의 영향으로 과학을 배우기 전부터 이미 몸 안에 과학적 유전자를 타고났다고 말했던 천재 물리학자. 그가 바로 리처드 파인만이다. 그의 아버지는 아들이 뛰어난 과학자로 성장해 인류에 공헌하기를 바랐나. 이는 단순한 교육관을 넘어 하나의 신념이었던 것 같다. 말하자면 파인만은 과학자가 될 수밖에 없는 운명을 타고난 셈이다. 아버지의 자상하고 세밀한 교육적 배려 속에서 파인만은 천재 물리학자로 성장했고, 20세기 후반의 과학사에 그만의 선명한 족적을 남겼다.

20세기 물리학의 역사는 아인슈타인과 리처드 파인만, 두 천재에 의해 쓰였다고 말해도 지나치지 않다. 아인슈타인이 20세기 전반기를 주도했다면, 파인만은 후반기 들어 물리학의 새로운 지평을 열어젖히며 그가 영웅처럼 우러러봤던 아인슈타인의 명성과 업적을 넘어선 인물로 평가받았다.

1965년 파인만은 줄리언 슈윙거, 도모나가 신이치로와 함께 노벨 물리학상을 수상한다. 이들은 각자의 방법으로 양자전기역학을 완성했고, 이 공로로 노벨상 공동 수상의 영예를 얻은 것이다. 그런데 줄리언 슈윙거와 도모나가 신이치로는 기존의 역학과 수학으로 양자전기 역학을 설명한 반면, 파인만은 경로적분이라는 자기만의 독창적인 수학적 도구를 창안해 설명해 냈다. 경로적분법은 파인만이 물리학을 처음 배우는 학생들에게 강의했던 것으로, 물리학 역사상 가장 심오한 문제를 해결해 준 경이로운 계산법이다.

재미있는 사실은 파인만이 노벨상 수상을 거부하려 했다는 점이다. 그는 노벨상을 거추장스러운 훈장쯤으로 인식했고, 그 영예를 아주 귀찮고 짜증스러운 걸로 여겼다. 일체의 권위와 명예를 하찮은 것으로 치부했던 그는 과학자로서 새로운 발견을 해냈을 때의 기쁨이야말로 최상의 명예이자 최고의 상이라고 생각했다. 파인만의 위대함은 이런 인간적인 면모 때문에 더욱 돋보인다.

파인만이 아무리 권위나 명예 따위를 얻는 데 무심하다 해도, 과연 그가 그런 것들과 상관없는 삶을 살 수 있었을까? 파인만은 노벨상 수상 이전에 이미 강의를 통해 학생들과 교수들로부터 확고한 명성을 얻었다. 그는 복잡하기 그지없는 물리학 이론을 너무도 쉽고 간단하게 설명해 버리는 비상한 재주로 찬사를 받았다. 강의할 때의 파인만은 교수 이상의 교수였다. 그는 강의실을 무대처럼 활용했고, 광대이자 배우처럼 완벽하게 청중을 사로잡았던 강의법의 귀재이기도 했다.

파인만의 명성은 물리학계를 넘어선 곳까지 확장되기에 이른다. 우주왕복선 챌린저호 참사 당시 진상조사위원회의 일원으로 활약하며 대중적 인물로 떠오르더니, 자신의 엉뚱하고 기발한 모험담을 담은 책이 일약 베스트셀러가 되면서 아인슈타인 못지않은 명성을 얻었다. 명성에는 어쩔 수 없이 명예와 권위가 휘장처럼 드리워지게 마련이다. 명예와 권위 따위와는 거리를 두고자했던 파인만은 그로부터 자유로울 수 없었다. 이것이 파인만의 삶이 지닌 아이러니가 아닐까 싶다.

파인만은 과학 문명의 미래에 대해 성찰하는 학자이기도 했다. 제2차 세계대전 당시 원자폭탄 개발 프로젝트에 참여해 원폭 제조에 기여했던 파인만은 이 폭탄이 불러온 재앙을 목도하고 양심에 커다란 상처와 충격을 받았다. 이 충격으로 파인만은 과학자로서의 책임에 대해 고뇌하는 학자로 거듭났다. 1964년 이탈리아에서 열린 갈릴레오 심포지엄에서는 행한 강연에서 과학자의 책임에 대해 설파하기도 했다.

"우리의 책임은 이렇습니다. 할 수 있는 일을 하고, 배울 수 있는 일을 배우고, 해결책을 개선하고, 그것들을 후대에 전하는 것, 미래의 인류에게 재량권을 주는 것, 그것이 우리의 책임입니다. 우리의 성급한 치기로, 오랫동안 인류의 성장을 저지할지도 모를 중대한 실수를 범할 수도 있습니다. 어리고 무지한 우리가 이미 해답을 가졌다고 자신하면 우리는 실수를 저지르게 될 것입니다."

파인만은 교수와 학자로서의 단조로운 일상에 머물지 않고 적극적인 모험을 시도하며 다채로운 삶을 살다 갔다. 타고난 익살과 재치로 주변 사람들에게 즐거움을 안겼고, 봉고 연주자로 활동하는가 하면 아마추어 화가로서도 재능을 보였다. 이러한 다재다능함을 유감없이 발휘할 수 있었던 원동력은 그가 지닌 열정과 호기심이었을 테다. 이 책을 읽는 독자들에게도 파인만의 열정어린 삶의 태도가 오롯이 전해진다면, 필자로서 더 이상 바랄 게 없을 것이다.

2012년 겨울

태기수

| | |
|---|---|
| 1918년 | 뉴욕 브루클린의 파라커웨이에서 출생. |
| 1936년 | 매사추세츠 공과대학에 입학. |
| 1940년 | 프린스턴 대학원 입학. |
| 1941년 | 맨해튼 프로젝트(원자폭탄 개발 계획)에 참여. 첫 아내 아를렌과 결혼. |
| 1943년 | 로스앨러모스로 옮겨서 진행 중이던 원자폭탄 개발 계획에 참여함. |
| 1946년 | 아내 아를렌 사망. |
| 1947년 | 코넬 대학 교수. |
| 1949년 | 브라질 여행. |
| 1950년 | 브라질 여행, 두 번째 아내 메리 루와 결혼. |
| 1951년 | 캘리포니아 공과대학 교수, 일본 여행. |
| 1954년 | 앨버트 아인슈타인 상 수상. |
| 1960년 | 세 번째 아내 기네스 하워드와 결혼. |
| 1961년 | 캘리포니아 공대의 1, 2학년 학생들을 대상으로 기초 물리학 강의 시작. |

1962년        E. O. 로렌스 상 수상.

1963년        『파인만의 물리학 강의』 출간.

1965년        노벨 물리학상 수상.

1972년        외르스테드 메달(훌륭한 교육자에게 수여하는 상) 수상.

1978년        암 발병.

1981년        암 재발.

1982년        뮤지컬 〈남태평양〉에 출연.

1986년        챌린저호 참사 원인 밝혀냄.

1987년        또 다른 암 종양 발견.

1988년        사망.

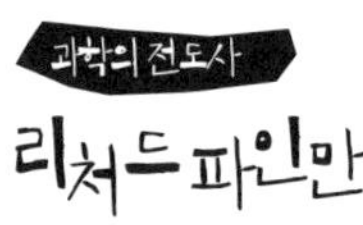

# 리처드 파인만


ⓒ 태기수, 2004

초　판 1쇄 발행　2004년 6월 4일
개정판 1쇄 발행　2012년 2월 5일
개정판 5쇄 발행　2023년 5월 1일

지은이　　태기수
펴낸이　　강병철

펴낸곳　　더이룸출판사
출판등록　1997년 10월 30일 제1997-000129호
주소　　　04047 서울시 마포구 양화로6길 49
전화　　　편집부 02) 324-2347　경영지원부 02) 325-6047
팩스　　　편집부 02) 324-2348　경영지원부 02) 2648-1311
이메일　　jamoteen@jamobook.com

ISBN　978-89-5707-639-2 (44990)